나는 주님의 교사입니다

나는 주님의 교사입니다

지은이 | 임경근
초판 발행 | 2025. 11. 19
등록번호 | 제1988-000080호
등록된 곳 | 서울특별시 용산구 서빙고로65길 38 두란노빌딩
발행처 | 사단법인 두란노서원
영업부 | 2078-3333 FAX | 080-749-3705
출판부 | 2078-3331

책 값은 뒤표지에 있습니다.
ISBN 978-89-531-5216-8 03230

독자의 의견을 기다립니다.
tpress@duranno.com www.duranno.com

ⓒ 이 출판물은 저작권법에 의해 보호를 받는 저작물이므로
무단 전재와 무단 복제, 무단 사용을 할 수 없습니다.

두란노서원은 바울 사도가 3차 전도여행 때 에베소에서 성령 받은 제자들을 따로 세워 하나님의 말씀으로 양육하던 장소입니다. 사도행전 19장 8-20절의 정신에 따라 첫째 목회자를 돕는 사역과 평신도를 훈련시키는 사역, 둘째 세계선교(TIM)와 문서선교(단행본·잡지) 사역, 셋째 예수문화 및 경배와 찬양 사역, 그리고 가정·상담 사역 등을 감당하고 있습니다. 1980년 12월 22일에 창립된 두란노서원은 주님 오실 때까지 이 사역들을 계속할 것입니다.

위기의 시대에

나는 주남의 교사입니다

임경근

두란노

목차

프롤로그 ... 6

1부

교사를 찾습니다

PART 1 극한 봉사, 교사 ... 18

PART 2 주일학교 교사가 중요해 ... 34

PART 3 진짜 교사입니까 ... 68

2부

교사를 꿈꿉니다

PART 4 누가 좋은 교사인가 ... 92

PART 5 먼저 좋은 그리스도인 되기 ... 108

PART 6 나는 주님의 교사입니다 ... 128

에필로그 ... 168

프롤로그

언약의 자녀가 교회를 떠나고 있다

나는 1970년대에 주일학교를 다녔다. 그때만 해도 주일학교에 아이들이 차고 넘쳤다. 찬양 소리가 예배당을 찢어버릴 기세로 울려 퍼졌다. 분반 공부 시간, 아이들은 진지하게 교사의 가르침에 집중했다. 교사의 말 한마디는 아이들의 심령에 깊이 새겨졌다. 아이들은 교회에서 선진 문화를 경험할 뿐 아니라 믿음을 쌓아 갔다. 그런데 현재의 한국 교회 상황은 크게 달라졌다. 50년이라는 시간 동안 이처럼 많은 변화가 일어날 줄은 몰랐다. 참으로 놀라운 일이다. 50년 전, 그렇게 예수 믿은 자들이 이제는 한국 교회의 주일학교 교사가 되어 벌써 은퇴를 앞두고 있다.

주일학교의 위기

현재 한국 개신교회 주일학교 형편은 매우 심각한 위기에 직면해 있다. 주일학교의 장래는 점점 어두워지고 있다.

대한예수교장로회(통합)는 2010년부터 2020년까지 불과 10년 사이 주일학교 학생 수가 무려 37%나 감소했다고 밝혔다. 다른 교단도 대동소이한 형편이다. 한 총회 교육개발원 관계자는 '2030년이 되면 주일학교 90%가 사라질 위기다'라고 말했다. 이 주장에 이의를 제기하는 사람은 거의 없다. 주일학교는 점점 쇠퇴하고 있으며, 코로나19 팬데믹은 그 위기를 더욱 가속시켰다.

코로나19의 직격탄을 맞은 가장 큰 피해자는 주일학교 학생들이다. 아이들은 신앙 교육과 훈련을 주일학교에 전적으로 의지하고 있다. 주일학교가 제 기능을 못 하면 그들의 신앙과 영적 성장은 중단된다. 결국 교회의 다음 세대를 책임질 어린이와 청소년이 영적으로 큰 손실을 보고 있는 것이다.

주일학교 위기는 저출산으로 인한 학령 인구 감소와도 깊은 관련이 있다. 한국 개신교회는 부끄럽게도 과거 정부의 저출산 정책에 적극 협조했던 아픈 경험이 있다. 지금 교회 주일학교 감소 현상은 그 협조의 부메랑이 되어 돌아오고 있다.

어떤 사람은 주일학교의 위기를 '전도 열정의 부재' 탓으로 돌리며, 교사들의 헌신 부족을 비판한다. 물론 그런 요소도 무시할 수 없겠지만, 지금의 주일학교 쇠퇴를 단지 교사 탓으로 돌리기에는 외부적 요인이 너무 많다.

현대의 사회문화적 환경은 50년 전과는 전혀 다르다. 과거에는 토요일 오후 북 치고 장구 치며 동네 한 바퀴 돌면 아이들이 수십 명씩 따라왔다. 교회까지 따라온 아이들에게 빵이나 과자 같은 간식을 나누며 주일학교에 초대하면, 아이들은 "예, 진짜 올게요!"라며 즐겁게 반응하던 시절이 있었다. 그러나 지금은 환경 자체가 완전히 바뀌었다.

아이들은 더 이상 거리에서 빈둥거리며 놀지 않는다. 스마트폰에 몰두해 있거나, PC방, 게임방에서 시간을 보내고, 학교 수업을 마치면 학원을 향해 쉴 틈 없이 이동한다. 주말 일정도 이미 빽빽하게 잡혀 있다.

여기에 더해 학부모의 교회에 대한 인식도 많이 달라졌다. 예전에는 '교회에 가면 좋은 것을 배운다'는 긍정적 인식이 있었지만, 지금은 '교회에 이상한 사람도 많다더라'는 편견이 널리 퍼졌다. 일부 비정상적 교회들이 대중매체에 노출되면서 전체 교회에 대한 이미지가 순식간에 무너졌다. 그렇다 보니 부모들이 자녀를 교회에 보내는 것을 꺼리게 되었다.

게다가 대한민국이 선진국 반열에 오르고 경제적 풍요를 누리면서 주말은 가족 단위의 여행이나 취미 활동을 즐기는 시간으로 자리 잡았다. 교회는 더 이상 주말의 우선순위가 아니다.

심지어 신자의 자녀들조차 교회에 나오려 하지 않는다. 신앙이 없기 때문이다. 언약의 자녀가 교회를 떠나고 있다. '과거에는 산토끼 잡아 집토끼 만들던 때였는데, 이제는 집토끼가 산토끼가 되어 집을 나간다'는 말이 실감될 정도다.

주일학교 신앙 교육이 부실하다는 점도 있지만, 무엇보다 자녀의 신앙 교육은 가정에 책임이 있다는 사실을 잊어서는 안 된다. 그런데도 현실은 부모가 자녀의 신앙 교육을 주일학교에 전적으로 맡기고 있다. 부모들은 자녀의 신앙 문제를 깊이 고민하지 않는다. 부모의 책무를 방기한 것이다.

한국 교회의 위기

오늘날 주일학교의 위기는 단순히 교육의 문제가 아니다. 한국 교회의 전반적인 영적 현실을 반영하는 신호다. 이러한 현실을 직시하기 위해 우리는 한국 사회가 교회를 어떻게 인식하고 있는지를 살펴볼 필요가 있다. 특히 2007년에 일어난 네 가지 상징적인 사건들은 한국 교회의 존재감과 신뢰도, 그리고 정체성에 대해 많은 것을 말해 준다.

첫째, 2007년은 평양 대부흥 100주년이 되는 해였다. 1907년 평양 장대현교회에서 시작된 부흥운동은 한국 교회사의 중요한 전환점이었다. 이를 기념해 2007년, 한국 교계는 교단을 초월한 연합 행사를 준비했다. '한국 교회 대부흥 100주년 기념대회'는 6만 7천 석 규모의 상암동 서울월드컵경기장에서 성대히 열렸고, 15억 원이라는 거액이 모금되었다. 그러나 이 대규모 행사 이후에도 부흥은 일어나지 않았다. 어떤 신학자는 "100년마다 부흥이 온다"며 기도를 독려했지만 부흥은 일어나지 않았다. 이는 부흥을 인간이 만들어낼 수 있다는 오해와 기대가 신앙을 왜곡시킬 수 있음을 보여 준다. 부흥은 인간의 전략이나 노력으로 얻는 것이 아니라 하나님의 주권적 은혜로 주어지는 선물이다. 인간에게는 회개하고 복음을 따르며 순종하는 삶을 사는 책임이 있을 뿐이다.

둘째, 2007년은 개신교회가 도덕성과 공공성에서 깊은 상처를 입은 해이기도 하다. 대표적인 사건은 소망교회 장로였던 이명박의 대통령 당선이다. 그는 교계의 전폭적인 지지를 받았지만, 대통령 재임 전후로 각종 비리 의혹에 휘말렸고, 결국 2020년 대법원에서 징역 17년 형을 선고받았다. 이 일은 교회와 정치권력의 부적절한 결합이 낳은 비극이었다. 또한, 대표적 기독교 기업으로 알려졌던 이랜드는 비정규직 대량 해고와 외주 전환으로 인해 노동 탄압 논란에 휩싸였다. 신앙을 내세운 기업이 사회적 약자에 대한 배려 없이 경제 논리를 앞세운 행태는 교회 전체에 대한 불신으로 이어졌다. 결국 신자의 신앙과 윤리의 불일치가 교회 신뢰도의 붕괴로 직결되었다.

셋째, '분당 샘물교회 아프가니스탄 피랍 사건'은 한국 교회의 선교 방식에 대한 전 사회적 비판을 야기한 중대한 사건이었다. 단기 선교팀이 탈레반에게 납치당했고, 두 명이 안타깝게도 목숨을 잃었다. 당시 나는 해당 교회 부목사로서 이 사건을 직접 경험했다. 이 사건은 선교와 복음 전도의 명분 아래 안전과 상황을 고려하지 않은 무분별한 해외 사역의 위험성을 드러냈다. 한국 사회는 이를 계기로 개신교의 무례하고 일방적인 전도 방식에 대한 분노를 표출하기 시작했다. '예수 천당, 불신 지옥'이라는 문구를 내건 트럭,

메가폰을 들고 소리치며 행인을 불편하게 하는 거리 전도 등은 오랫동안 누적된 사회적 인내심을 시험해 왔고, 이 사건을 계기로 폭발하였다. 소위 '개독교'(개신교를 비하하는 표현)라는 신조어가 유행한 것도 이 시기였다. 아이러니하게도, 거리 전도를 하지 않는 가톨릭교회는 그 기간 40%의 신자 증가를 이루었다는 통계는 많은 것을 시사한다.

넷째, 2007년에 개봉한 영화 〈밀양〉은 한국 교회가 직면한 신학적 얕음과 현실과의 괴리를 날카롭게 드러낸 작품이었다. 주인공 신애는 아들이 살해당한 이후 신앙을 통해 평안을 얻지만, 살인범이 "하나님께 이미 용서받았다"고 말하는 장면에서 충격을 받고 믿음을 잃는다. 영화는 회개 없는 용서를 다루며, 교회의 가르침에 대한 신학적 질문을 던진다. 진정한 용서란 단순히 감정의 문제가 아니라 회개라는 조건을 수반해야 한다는 점을 영화는 깊이 있게 조명한다. 이 작품은 많은 사람에게 한국 교회의 피상적 신앙과 교리 교육의 한계를 인식하게 했다.

결국, 이 네 사건은 2007년 한 해 동안 한국 사회가 교회를 어떻게 바라보고 인식하게 되었는지를 상징적으로 보여준다. 부흥에 대한 잘못된 이해, 신앙과 윤리의 괴리, 무례한 전도 방식, 그리고 신학의 피상성이 교회의 신뢰를 무너뜨리고 있다. 오늘의 교회는 그 책임을 직시해야 한다. 단순한 반성만이 아니라 본질적 회복을 위한 갱신이 절실하다.

2007년은 한국 개신교회의 민낯을 드러낸 해였고, 이는 교회가 사회 속에서 어떻게 비치고 있는지를 냉정하게 돌아보게 한다.

위기를 어떻게 극복할 것인가

앞선 네 사건 이후 어느덧 약 20년의 시간이 지났다. 2020년대의 한국 교회는 양적 성장의 시대가 완전히 끝났고, 질적 재검토의 시대에 진입했다. 주목할 점은 다음과 같다. 첫째, 주일학교 어린이 수의 급감이다. 이는 단순히 출생률 저하만의 문제가 아니라, 부모 세대 자체가 교회를 떠나고 있다는 의미다. 둘째, 디지털 세대의 가치관 변화다. Z세대 아이들은 권위주의적 종교 교육을 거부한다. 개방적 질문, 사회 정의, 환경 문제 등에 대한 관심이 높으며, 이를 외면하는 교회는 '구시대적'으로 평가받는다. 셋째, 신앙 형성의 위기다. 가정의 신앙 기반이 약해지면서 주일학교가 기독교 신앙을 전승하는 마지막 보루가 되었다. 그러나 주일학교 교사 역시 급감하고 있는 상황이다.

이런 상황에서 주일학교 교사를 위한 현실적 대안은 무엇일까? 현 시점에서 주일학교 사역은 방향 전환이 필요해 보인다. 첫째, 신학적 깊이를 추구해야 한다. 단순한 재미나 감성적 접근을 벗어나 복음의 본질 즉 교리를 다루며 질문과 토론 중심의 신앙 형성 교육으로 전환해야 한다. 아이들이 왜 하나님을 믿어야 하는지, 신앙이 삶과 어떤 관련이 있는지를 치열하게 탐구하도록 하는 것이다. 둘째, 사회 정의와 연계된 신앙 교육이 필요하다. 환경, 약자의 편에 서기, 정직한 삶 등을 단순한 도덕 교육이 아닌 기독교적 정체성과 연결시킬 수 있어야 한다. 아이들이 '기독교인이 되면 더 나은 사람이 된다'는 경험을 갖도록 하는 것이다. 셋째, 부모 세대와의 신앙적 대화의 길을 터야 한다. 가정 신앙의 붕괴를 회복하기 위해, 부모를 위한 신앙 교육 프로그램의 강화가 필요하다. 부모가 먼저 신앙의 모델이 되지 않으면 아이들의 신앙은 자라나기 어렵다. 넷째, 온라인과 오프라인의 균형을 이루어야 한다. 팬데믹 이후 온라인 예배가 자리 잡았다. 이를 부정하기보다는, 온라인 매체의 특성을 살리면서도 오프라인에서의 관계와 공동체 경험을 강화해야 한다. 다섯째, 진정성 있는 신앙의 회복이 필요하다. '성공하려면 교회에 나가라'는 실용주의적 신앙관에서 벗어나, 예수 그리스도를 따르는 제자도의 본질을 회복해야 한다. 고난과 헌신도 함께하는 신앙의 깊이를 전달하는 것이다.

2025년의 한국 교회는 2007년보다 훨씬 더 심각한 도전에 직면해 있다. 그러나 이것은 절망이 아니라 본질 회복으로의 초청일 수 있다. 위기가 기회인 것이다. 주일학교 교사들은 이 시대의 선지자로서 아이들에게 참된 기독교 복음의 정체성을 계승할 책임이 있다. 한국 교회가 다시 태어나는 것은 대형 부흥회나 거대한 집회에서 나오지 않는다. 그것은 한 명의 교사가 아이들의 마음에 심은 '참된 신앙의 씨앗'에서 시작된다. 지금이 시작하기에 가장 좋은 때다. 지금이라도 늦지 않았다. 한국 교회는, 특히 주일학교 교사는 변화해야 한다.

2025년 11월
임경근

1부

교사를 찾습니다

PART 1

극한 봉사, 교사

주일학교가 위기다

신년이 다가오면 교회마다 새로운 교사를 찾아 나선다. 교사 구하기가 하늘의 별 따기다. 항상 그랬지만, 교사의 직무는 그리 쉬운 봉사가 아니다. 소위 극한 봉사(?)다. 학생들도 예전 같지 않다. 자기주장이 강하고, 교사의 말을 쉽게 따르지 않는다. 관리가 여간 힘든 것이 아니다.

일단 교사는 주일에 일찍 일어나야 한다. 그래야 주일학교 봉사를 할 수 있다. 그런 헌신 없이는 교사로 섬길 수 없다. 주일학교 교사는 성가대처럼 멋진 가운을 착용하지 않는다. 사람들로부터 칭찬을 기대하기도 어렵다. 보람과 기쁨보다는 보이지 않는 곳에서 섬겨야 하는 극한 봉사다. 학생을 관리하려면 물질적인 투자도 필요하다. 아이들과 사귀려면 떡볶이도 사주고, 피자도 종종 먹여야 한다. 교사는 성경을 잘 알아야 학생에게 복음의 진리를 가르칠 수 있다. 또 성품이나 인품도 어느 정도 갖춰야 아이들의 모범이 될 수 있다. 교사가 하는 말, 태도, 행동은 아이들에게 긍정적으로든 부정적으로든 영향을 끼칠 수 있기 때문이다.

문제는 갈수록 이런 이상적인 교사를 찾기가 어렵다는 것이다. 이렇게 준비된 교사가 하늘에서 떨어지겠는가? 주일학교 부장은 젊은 청년이나 사회 초년생 젊은이를 찾아 헤드헌팅(Head Hunting)하듯 주일학교에서 봉사할 교사를 찾는다. 교사 지원자가 많지 않아서다. 초신자도 모집 대상이다. 인력이 모자라니 어쩔 수 없다. "난 성경도 모르고 교회 다닌 지도 얼마 되지 않아요!"라고 말한다면 "배워 가면서 하면 된다"는 대답이 돌아올 것이다. 그만큼 교사 수급에 애를 먹고 있다는 말이다. 사실 기존 교사도 다 그렇게 가르치며 배웠기 때문이기도 하다. 어디 처음부터 잘하는 교사가 있었던가. 부족하지만, 젊은 풋내기 교사로 시작하여 경험을 쌓다 보면 점점 노련한 교사로 성장해 가지 않겠는가!

이래저래 필요한 교사 숫자를 채우면 주일학교 부장 역할 절반은 한 셈이다. 시작이 반이라지 않나. 그러고 나면 신년 새 학기가 시작되기 전 교사 부흥회나 교사 세미나를 개최한다. 노회 주일학교 연합회에서 주관하는 교사 부흥회에 참석할 수도 있고, 큰 교회는 자체적으로 교사 교육을 실시한다. 그런 기회를 통해 새롭게 시작하는 주일학교 교사에게 사명감, 교수법, 그리고 반목회 혹은 관리에 관한 노하우를 교육하고 전수한다. 이런 부흥회와 연수 혹은 세미나를 통해 1년 동안 주일학교 교사로 사역할 준비를 한다.

이처럼 주일학교 교사 수급이 어려운 탓에 주일학교가 위기다. 아이들이 줄어든 것도 문제이지만, 교사들 상황도 녹록지 않다.

'교사 선생님'이란?

교회에서 종종 '교사 선생님'이라는 용어를 듣는다. '교사' 혹은 '선생님'이면 충분할 텐데, 의미가 같은 두 단어를 불필요하게 붙여 사용하느냐고 비난하기도 한다. 한국 교회에서 사용하는 '교사 선생님'이란 용어는 주로 주일학교에서 어린이와 청소년들에게 신앙 교육을 담당하는 사람을 지칭한다. 이 용어는 두 가지로 이해할 수 있다.

| 교사 | 주일학교에서 교육적 역할을 맡은 사람으로, 성경과 신앙을 가르치는 일꾼이다. 이들은 주일학교의 각 부서(유아부, 초등부, 중고등부 등)에서 학생을 가르치며, 신앙 성장을 돕는 중요한 역할을 한다.

| 선생님 | 교사를 부를 때 사용하는 존칭으로, 교육자에 대한 존경과 친밀감을 나타낸다. 이는 단순히 가르치는 역할뿐 아니라 학생과의 관계 속에서 신앙적 동반자와 멘토로서의 의미를 포함한다.

전통적으로 한국 교회에는 '교사'라는 용어를 사용해 왔지만, 최근에는 이 용어가 학교 교육의 경직된 이미지를 줄 수 있다는 지적도 있다. 그래서 '멘토'나 '양육자' 같은 더 포괄적이고 관계 중심적인 표현으로 대체하려는 움직임도 일부 존재한다. 그래서 존경과 친밀감의 표현인 '선생님'을 넣어 '교사'를 부르는 호칭으로 사용한다. '교사 선생'이라고는 부르지 않는 것을 볼 때 '교사 선생님'은 교사를 좀 더 높여 부르고자 하는 마음이 담겼다고 볼 수 있다.
결론적으로, '교사 선생님'은 한국 교회의 신앙 교육 현장에서 중요한 역할을 맡은 사람을 존중하는 의미로 사용하는 표현이니, 굳이 문법적 옳고 그름의 관점으로 접근하지 않으면 좋겠다.

반 운영 어떻게 할 것인가

주일학교 교사로 임명되면 성경을 가르칠 뿐만 아니라 반을 관리하고 운영해야 한다. 교사의 역할은 어쩌면 성경을 가르치는 것보다 반 운영과 관리가 더 중요할지도 모른다. 여기에 주일학교의 성패가 달렸다고 봐도 과언이 아니다. 반 운영에 대한 비결을 담은 좋은 책은 시중에 많이 나와 있다. 그 비결의 핵심은 교사의 열정과 헌신, 그리고 아이들을 향한 사랑이다.

과거 부산에 세계 최고의 주일학교가 있었다. 부산 서부교회다. 서부교회 주일학교는 매주 평균 출석 인원이 1970년 1천 명에서 1980년에는 8천 명으로 성장했다. 특별한 절기에는 1만 3천 명까지 모이면서 세계 최고의 주일학교를 운영하는 교회로 이름을 날렸다. 이 교회만 특별히 아동 친화적이고 뛰어난 주일학교 교재를 가지고 있었던 것이 아니다. 그들이 가르치는 것은 담임목사의 설교를 요약한 것이니, 어쩌면 내용이 아이들이 소화해 내기 어려울 수 있다. 그런데 서부교회 주일학교는 엄청난 부흥을 이루었다. 어떻게 이런 일이 가능했을까?

서부교회 주일학교 부흥의 원인은 반 목회를 교사 개개

인이 교회 목회자처럼 운영하도록 한 것이라고 할 수 있다. 목사가 교회를 개척하듯 교사가 진심으로 사역했던 것이다. 거기에다 반 구성을 나이나 학년으로 구분하지 않고 무학년제로 운영한 것도 부흥의 요인이었다. 교사가 데려오는 학생은 모두 자기 반에 소속된다. 주일학교 교사는 개척 교회 담임목사와 같았다. 그래서 한 반이 50명, 100명, 심지어 200명인 반도 많았다. 나중에 서부교회 주일학교 교사 중에 목사가 많이 배출되었다는 것만 봐도 그 연관성을 잘 보여 준다.

그만큼 교사들의 헌신과 희생이 대단했다. 토요일이면 교사들이 모든 학생을 심방했다. 그 기회에 길거리 아이들을 전도하는 것도 잊지 않았다. 주일 아침에도 학생의 집을 방문해 직접 아이를 데리고 교회에 왔다. 주일 아침이면 교회 근처 거리마다 아이들이 교사의 손에 줄줄이 달려 교회로 향하는 장관이 펼쳐졌다. 이러니 주일학교가 부흥하지 않을 수 있었겠나.

하지만 서부교회 주일학교는 담임목사 백영희 목사의 사망으로 큰 타격을 받았다. 교회가 내부적으로 내홍을 겪었기 때문이다. 그 결과 서부교회 주일학교 출석 인원이

2002년 1,600명으로 줄었고, 지금은 몇백 명 수준으로 줄었다고 한다. 물론 여러 다른 요인도 있다. 학령 인구가 줄어들고, 저출산으로 아동이 적고, 타 교회들도 주일학교에 열심이니, 서부교회 주일학교도 감소한 것으로 보인다.

> | '반사'란? |
>
> '반사'는 반(班)의 스승(師)이라는 뜻이다. 여전히 일부 교회에서는 반사를 교사와 혼용한다. 주일학교에서 교사는 학생을 나이별로 혹은 성별로 나누어 반을 맡는다. 교회는 주일학교 교사를 임명해 그 반을 맡기는데, 그를 '반사'라 부른다.

서부교회의 부흥과 쇠퇴는 잘 나가던 한국 교회 주일학교가 쇠락하는 현 모습을 보여 주는 듯하다. 열정과 헌신 있는 사랑으로 반 운영을 해서 엄청난 주일학교 부흥을 이루었던 서부교회도 주일학교의 쇠퇴를 경험하고 있는데, 하물며 일반 다른 교회들은 어떠하겠는가. 말할 필요도 없다.

주일학교 교사의 반 운영이 예전 같지 않은 몇 가지 이유가 있을 것이다.

첫째, 한국 사회가 달라졌다. 이제 한국 교회는 예전처럼 주일학교 반 운영을 할 수가 없는 상황이다. 예전처럼 아이들이 골목 어귀에서 교사를 기다려 주지 않는다. 놀이터에서 노는 아이들을 찾기가 어렵다. 아이들은 학원을 전전하다가 여유가 생기면 PC방이나 집에서 휴대폰과 시간을 보내기 일쑤다. 그들은 이미 자신들의 무료함을 달래 줄 도구가 충분하다. 경제적으로 부요해지면서 군것질을 위한 용돈도 두둑하다. 교사가 맛난 것으로 아이들의 마음을 사기에도 어려움이 있다. 교사가 길거리 아이들을 데리고 다니면 유괴범으로 신고당할 수도 있다.

둘째, 주일학교 교사가 달라졌다. 이제 한국 교회 주일학교에 가 보면 섊은 교사를 찾기가 어렵다. 그러다 보니 주일학교 교사 연령대가 점점 고령화되고 있다. 고령의 교사는 변화하는 스마트 세상을 따라가기 어렵다. 아이들이 흥미로워하는 게임의 세계를 이해하기도 쉽지 않다. 그렇다고 어렵게 구한 젊은 교사에게만 모든 일을 떠넘길 수도 없다. 행여 과한 열정과 헌신을 요구했다가 그들을 잃게 되면 어쩌겠는가. 자리만 지켜 줘도 감사해야 하는 상황이니 말이다.

즐거운 찬양 시간 만들기

나는 어린 시절 주일학교 예배에 가면 교회가 떠나갈 만큼 큰 소리로 찬양했다. 내 목소리로 찬양하는 즐거움을 누릴 수 있었다. 그런데 오늘날 주일학교 찬양 시간을 보면 아쉬운 점이 한두 가지가 아니다. 우선 주일학교 학생들이 자신의 목소리로 찬양하는 기쁨을 누리지 못하고 있다. 학생들이 찬양을 할 때 자기 목소리를 들을 수 있어야 하는데, 전자 악기 소리가 너무 크다. 드럼과 전자 악기 소리가 압도하니 자기 목소리를 들을 수가 없다. 내 목소리가 안 들리니 찬양이 재미가 없다.

자기 목소리를 들으며 찬양하는 학생이 있긴 하다. 찬양대원이다. 그들은 마이크로 증폭된 자기 목소리를 들으며 찬양하니 공간을 장악하고 지배한다. 자기 목소리가 주도하고 다른 사람을 장악할 수 있으니 신나는 일이다. 하지만 대부분 학생은 자기 목소리로 찬양을 부를 필요가 없다. 찬양대원이 다 불러 주기 때문이다. 학생이 주일학교 예배 시간에 피동적으로 참여할 수밖에 없는 구조다.

언젠가 이런 일을 경험했다. 찬양이 진행 중인데 갑자기 전기가 나가 버린 것이다. 키보드 소리도, 기타 소리도 들리지 않았다. 마이크가 꺼져 인도자 소리도 스피커를 통과하지 못했다. 순간 예배당이 조용해졌다. 모두가 놀랐지만 찬양대원만은 찬양을 이어 갔다. 더 놀라운 것은 예배당에 참석한 성도 아무도 찬양을 따라 부르지 않았다는 것이다. 이 일로 예배 중에 찬양대원만 찬양을 하고 있었다는 사실이 드러났다. 만약 모든 회중이 찬양에 참여하고 있었다면 악기 소리가 들리지 않아도 찬양 소리는 멈추지 않고 계속 이어졌을 것이다.

요즘 교회마다 전자 악기 소리가 너무 크다는 생각을 한다. 사람의 자연스러운 목소리를 들을 수 있어야 한다. 전자음을 줄이면 사람의 목소리가 살아날 것이다. 문명의 이기는 유용하다. 하지만 과유불급일 수 있으니 지혜가 필요한 때다. 주일학교 학생들이 즐거이 찬양할 수 있는 방법을 찾아갈 필요가 있다. 일방적으로 지배하는 음향을 사용해 주일학교 예배를 이끌어 가려고만 할 것이 아니라, 회중이 적극적으로 찬양할 수 있는 방법을 찾아야 할 것이다.

시각 자료는 적당히

요즘 세상은 전자 기기가 없이는 아무것도 할 수 없다. 주일학교도 마찬가지다. 학생들은 교회에 올 때 성경책을 가지고 올 필요가 없다. 맨손으로 교회에 온다. 교회에서 멀티미디어가 모든 것을 제공하기 때문이다. 빔 프로젝터는 찬양 가사와 악보를 제공한다. 동영상도 쉽게 볼 수 있다. 성경 구절도 미리 준비만 하면 무대에 설치된 스크린에 제공된다. 예배 순서도 멋지게 표시된다. 심지어 설교도 PPT와 동영상을 이용해 시청각 효과를 최대한 이용한다. 영상에 익숙한 신세대에게 알맞은 방법을 선택한다고 하지만, 그것도 과하면 해가 되지 않을까?

주일학교에서는 시각 자료를 많이 사용한다. 교회사에서도 시각적 자료를 활용해 신앙을 가르치려 했던 시기가 있었다. 로마 가톨릭교회가 그 예다. 로마 가톨릭교회는 성상과 성화, 그리고 예배당을 화려하고 거룩하게 만들어 신자에게 신앙을 가르치고 증진하려 했다. 매우 친절하고 획기적인 방법이라 생각했지만, 이런 방법은 오히려 신앙의 질적 저하는 물론 왜곡을 불러일으켰다. 결국 당시 로마 가톨릭교회 신자들은 성상과 성화를 우상처럼 숭배하게 되었다. 종교 개혁가들은 그런 방법을 멀리했다.

하이델베르크 요리문답 98문에 보면 이런 질문을 한다. "교회에서는 '평신도를 위한 책'으로써 형상들을 허용해서도 안 됩니까?"

이에 대한 답은 이렇다.

"그렇습니다. 우리는 하나님보다 더 지혜로운 체해서는 안 됩니다. 하나님은 그의 백성이 말 못하는 우상을 통해서가 아니라, 말씀에 대한 살아 있는 강론을 통해 가르침 받기를 원하십니다."

종교 개혁자들에 의하면, 우리를 구원하는 믿음(Sola Fide)은 들음에서 나온다. 들음은 그리스도의 말씀(Sola Scriptura)으로 말미암는다는 것을 강조했다. 시각 자료보다 청각 자료를 더 많이 사용했다. 곧 성경 말씀의 선포를 핵심 요소로 보았다. 종교 개혁자들은 강단의 역할을 높였다. 그래서 개신교 예배당에는 성상과 성화가 없다. 교회당이 웅장하거나 화려하지 않다. 개신교 예배당에는 설교단이 전면 중심에 있다. 천주교 예배당 중앙에 제대가 놓여 있는 것과 차이가 있다. 그리고 개신교 예배당에는 설교단이 높이 위치한다. 설교를 통한 말씀은 위에 계신 하나님에게서 온다는 점을 가시적으로 보여 준다. 목사는 말씀의 봉사자로 예배당 중심과 설교단 위에서 예배를 인도하고 설교한다.

    교회가 시각 자료를 사용하는 것에 이의를 두는 것은 아니다. 다만 그 정도를 조절할 필요가 있다. 하나님은 말씀을 들음으로써 믿음을 얻도록 계획하셨다. 믿음은 들음에서 나기 때문이다. 보지 않고도 말씀을 듣고 믿을 때 구원에 이른다는 것을 생각한다면, 균형을 찾을 때가 되지 않았을까! 이런 것에 익숙하지 않은 아이들에게 이것을 어떻게 훈련시킬 것인지가 관건이고 숙제일 것이다.

토론을 위한 질문

[1] 이번 장을 통해 가장 마음에 남았거나 도전이 되었던 부분을 나누어 보세요. 특히 교사 수급의 어려움, 반 운영의 변화, 전자 악기와 시각 자료 사용에 대한 비판적 성찰 중 어떤 부분이 자신에게 가장 크게 다가왔는지 이야기해 봅시다.

[2] 주일학교 교사를 '극한 봉사'라고 표현했습니다. 교사 사역을 하면서 가장 힘들다고 느끼는 부분이 무엇인가요? 예를 들어, 학생 관리의 어려움, 재정적 부담, 시간과 에너지 소모 등 구체적인 경험을 나누고, 그런데도 교사 사역을 계속하게 하는 내적 동기도 함께 나누어 보세요.

[3] 부산 서부교회의 반 운영 사례를 소개하며, 반 목회를 교회 개척과 같은 마음으로 임했던 교사들의 헌신을 강조했습니다. 현재 반을 어떻게 운영하고 있나요? 가장 잘하고 있다고 생각하는 점과, 앞으로 더 성장시키고 싶은 부분이 있다면 나누어 봅시다.

[4] 주일학교 찬양 시간에 전자 악기 소리가 너무 큰 탓에 아이들이 자기 목소리로 찬양하는 기쁨을 누리기 어렵다고 지적했습니다. 현재 섬기는 주일학교 찬양 시간은 어떤가요? 아이들이 '자

기 목소리로 하나님께 찬양 드리는 기쁨'을 누릴 수 있도록 교사로서 실천할 수 있는 방법에는 무엇이 있을까요?

[5] 시각 자료의 과도한 사용이 신앙 교육의 본질을 해칠 수 있다고 경고했습니다. 현재 섬기는 주일학교에서 시각 자료 사용이 효과적이라고 느끼나요, 아니면 해가 된다고 생각하나요? 앞서 말한 종교 개혁자들의 입장과 내 생각을 비교해 보고, 말씀 중심 교육을 위해 실천할 수 있는 방안을 이야기해 보세요.

[6] 내가 섬기는 주일학교도 교사 수급의 어려움이 있나요? 교사 부족 문제를 해결하기 위해 개인적으로, 혹은 교회적으로 시도해 본 방법이 있다면 나누어 봅시다. 아울러 앞으로 교사 발굴과 양성을 위해 할 수 있는 새로운 아이디어가 있다면 함께 이야기해 보세요.

[7] 교사는 단순 지식 전달자가 아니라 '관계의 회복자'이자 '말씀의 전달자'로 부름받았습니다. 앞으로 학생들과의 관계, 그리고 말씀 교육에서 어떤 교사가 되고 싶나요? 이를 위해 이번 학기 혹은 올해 가장 먼저 실천하고 싶은 구체적인 다짐 한 가지를 이야기해 보세요. (예: 학생 개인 심방 시도하기, 매주 학생 이름 불러 기도하기, 찬양 시간을 학생 참여 중심으로 바꾸기 등)

PART 2

주일학교 교사가 중요해

오늘날 가정, 학교, 사회에서 자녀들의 신앙 교육이 제대로 이루어지지 않고 있다. 그렇다 보니 일주일, 168시간 가운데 한 시간의 주일학교, 그리고 20-30분의 분반공부의 가치가 더욱 중요해졌다. 오늘날처럼 주일학교와 주일학교 교사가 중요한 시기가 또 있을까?

물질의 풍요와 영적 기근

한국 교회의 성장 멈춤 이슈는 더 이상 새롭지 않다. 주일학교의 감소세는 심각한 수준인데, 그것은 한국 교회 전체의 성장 멈춤 및 교인 감소와 무관하지 않다. "요즘 성장하는 교회는 이상한 것이고, 감소하는 교회는 정상이고, 현상 유지를 하는 교회는 잘하는 교회라고 봐야 한다"는 농담 반 진담 반 같은 말이 있다. 한국 교회의 현 상황을 잘 표현한 것 같다. 목회자의 열정 부족이라고 단순히 평가하기 어렵다. 과거 해방 후 건물에 교회 간판만 걸어도 사람들이 몰려오던 시대는 지나갔다. 교회가 위기다.

교회의 위기는 어제오늘의 일은 아니다. 성경에 보면 이스라엘의 역사에서도 이런 위기가 있었다. 출애굽을 한 이스라엘이 가나안 땅에 들어간 후 이스라엘의 다음 세대에 신앙적 퇴행이 들이닥쳤다. 가나안 땅에서 이스라엘이 누린 물질적 번영은 대단했다. 그곳이 젖과 꿀이 흐르는 땅이라는 것을 실감할 수 있었다. 하지만 사사기(士師記)에 보면 그들의 영적 삶은 실망스러웠다. 정말 절망적이었다. 사사기는 영적 어둠과 혼돈의 기간이다.

> 그 세대의 사람도 다 그 조상들에게로 돌아갔고 그 후에 일어난 다른 세대는 여호와를 알지 못하며 여호와께서 이스라엘을 위하여 행하신 일도 알지 못하였더라 (삿 2:10)

이스라엘에 영적으로 칠흑 같은 어둠의 시대가 찾아왔다. 어떻게 그런 일이 일어날 수 있단 말인가. 그전 세대까지는 그럭저럭 현상 유지가 가능했다. 이스라엘이 광야 가데스 바네아에서 열 명의 정탐꾼의 보고를 듣고 불신앙으로 하나님을 대적했던 20세 이상의 무리는 모두 광야에서 죽었다. 광야 생활을 경험한 20세 이하의 백성과 그들에게서 태어난 후세대가 가나안 땅에 들어갔다. "여호수아 뒤에 생존한 장로들 곧 여호와께서 이스라엘을 위하여 행하신 모든 큰 일을 본 자들"(삿 2:7)은 바로 20세 이전에 출애굽을 경험했다. 그들 중 가장 나이가 많으면 가나안에 들어갔을 때 60세 정도였다. 그 세대가 살아 있는 동안에는 그래도 신앙의 명맥을 유지했다. 그들 세대가 죽고 난 후 상황은 급변했다. 가나안 정착 40년이 되었을 때는 광야를 경험한 자들이 아무도 없었을 것이다. 그즈음 '다른 세대'라고 표현된 다음 세대는 여호와를 알지 못하고 여호와께서 그들을 위해 행하신 일도 알지 못했다. 물질적 풍요 가운데 영적 영양실조가 온 것이다.

이런 현상은 교회 역사에서 자주 나타난다. 번성하던 유럽 교회는 어떤가? 그들은 경제적으로 선진국에 들어서며 물질적 풍요를 누렸지만, 영적으로는 빈곤에 허덕이게 되었다. 유럽 교회가 텅텅 비어 가고 있다. 건물을 유지 보수할 수 없어 교회가 박물관, 카페, 술집, 심지어 이슬람 사원으로 바뀌고 있는 처참한 상황이다.

한국 교회라고 다르지 않다. 비슷한 현상이 나타나고 있다. 교회의 세속화가 어디까지 이르렀는지 알 수 없을 정도다. 입신양명을 성공적 신앙으로 가르치고 믿는 모습은 교회의 타락이다. 자녀 교육 영역에도 그렇다. 자녀의 세속적 성공을 위해 그리스도인이 누구보다 더 열심이다. 좀 더 좋은 대학, 좀 더 나은 직장을 얻기 위해 시간과 돈과 열정을 쏟아붓는다. 정작 신앙 교육을 위한 투자에는 인색하다. 학원 갈 시간과 예배 시간이 겹치면, 학원에 가야 한다고 생각하는 사람이 많으니 기가 막힐 일이다. 신앙 교육이 세속 교육에 밀리고 있다. 그러니 다음 세대에 영적 빈곤이 생길 수밖에 없다.

하나님은 이스라엘이 광야 생활을 마무리하고 가나안 땅에 들어가기 직전 모압 평지에서 언약을 다시 맺으셨다. 그것이 신명기다. 시내 산 언약을 잇는 모압 언약이다. 여기에서 하나님은 이스라엘에게 아주 중요한 말씀을 주셨다.

> 네 하나님 여호와께서 네 조상 아브라함과 이삭과 야곱을 향하여 네게 주리라 맹세하신 땅으로 너를 들어가게 하시고 네가 건축하지 아니한 크고 아름다운 성읍을 얻게 하시며 네가 채우지 아니한 아름다운 물건이 가득한 집을 얻게 하시며 네가 파지 아니한 우물을 차지하게 하시며 네가 심지 아니한 포도원과 감람나무를 차지하게 하사 네게 배불리 먹게 하실 때에 (신 6:10-11)

이스라엘이 공짜로 얻을 도시와 집을 묘사한다. "크고

아름다운 성읍", "아름다운 물건이 가득한 집", "네가 파지 아니한 우물", "네가 심지 아니한 포도원과 감람나무"는 이스라엘이 누릴 부요함이다. 이스라엘은 이제 만나와 메추라기를 먹지 않아도 된다. 그들은 땅에서 난 것을 배불리 먹게 될 것이다. 그들이 애써 일해서 얻는 것이 아니라, 하나님이 공짜로 주실 것이고 그들은 받을 것이다.

한국 상황도 이와 유사하다. 한국은 1905년 을사늑약 이후 1945년 광복까지 약 40년 동안 일제 압제 아래 고통의 시간을 보내야 했다. 그리고 3년 동안 6.25 전쟁의 고통을 겪어야 했다. 그 후 1945-1985년까지 40년 빈곤과 재건의 시기를 지나야 했다. 어렵고 힘든 시대였다. 경제적 차원뿐 아니라, 정치 영역에서도 아픔을 통과해야 했다. 그런데 1980년대에 들어서면서 지금까지 40여 년 동안 엄청난 도약의 시대를 맞이했다. 우리나라는 1986년 무역흑자를 이룩한 이후 지금까지 놀라운 경제성장을 이루었다. 지금은 K-드라마, K-영화, K-팝, K-푸드에 이르기까지 대단한 영향을 세계에 미치고 있다. 아름답고 깨끗한 도시 환경을 보라. 가정마다 부엌에 아름다운 접시와 그릇, 잔으로 가득하다. 과거 왕이나 누릴 수 있었던 것을 일반 시민이 누리고 있다. 수도꼭지만 틀면 시원한 물과 따뜻한 물이 공급된다. 슈퍼마켓에 가면 먹을 것이 가득 쌓여 있다. 보릿고개란 말이 무엇인지 젊은이는 알지 못한다. 역사책에서나 등장하는 말이다. 하나님의 은혜가 아니면 불가능한 부요한 생활이다. 한국이 선진 국가에 들어선 것이다.

그런데 한국의 물질적 성장 가운데 한국 교회의 영적 퇴보가 시작되었다. 잘살면 하나님께 감사하고 영광 돌리는 삶을 살아야 하는 것이 아닌가. 그런데 안타깝게도 그렇지 않다. 왜 그럴까?

이스라엘이나 유럽 교회, 한국 교회가 물질적으로 풍요로운 가운데 영적으로 처참한 내리막길을 걷게 된 이유가 무엇일까? 그 답을 찾으려면 다시 성경으로 돌아가야 한다. 성경에 답이 있다. 하나님은 이스라엘이 배부를 때 어떻게 해야 할지 지침을 미리 주셨다.

> 너는 조심하여 너를 애굽 땅 종 되었던 집에서 인도하여 내신 여호와를 잊지 말고 네 하나님 여호와를 경외하며 그를 섬기며 그의 이름으로 맹세할 것이니라 너희는 다른 신들 곧 네 사면에 있는 백성의 신들을 따르지 말라 너희 중에 계신 너희의 하나님 여호와는 질

투하시는 하나님이신즉 너희의 하나님 여호와께서 네게 진노하사 너를 지면에서 멸절시키실까 두려워하노라 (신 6:12-15)

이스라엘은 배부를 때 조심해야 했다. 하나님을 두려워할 줄 알아야 했다. 다른 신을 따르지 않고 하나님만 경외해야 했다. 그런데 그들은 조심하지 않았다. 이스라엘은 가나안의 풍요의 신, 바알과 아세라를 숭배했다. 물질적 풍요를 쫓아간 이스라엘은 자녀에게도 그런 교육을 시켰을 것이 뻔하다. 신앙 교육은 열심히 하지 않고, 세속적 목적을 달성하기 위한 공부에는 모든 것을 쏟아부었다. 세속 사회에서 이스라엘이라는 교회는 영적 길을 잃어버렸다. 어찌하여 이런 사단이 난 것일까?

너는 그것을 그들에게 가르쳐서

다시 성경으로 돌아가 원인을 찾아보자. 그들은 왜 조심하지 않았나? 왜 하나님을 두려워하지 않게 되었나? 하나님은 먼저 이스라엘 교회 지도자인 모세에게 교인을 가르치도록 명령하셨다.

> 너는 여기 내 곁에 서 있으라 내가 모든 명령과 규례와 법도를 네게 이르리니 너는 그것을 그들에게 가르쳐서 내가 그들에게 기업으로 주는 땅에서 그들에게 이것을 행하게 하라 하셨나니 (신 5:31)

신자는 하나님의 법도를 실천할 때 복을 받는다. 언약 백성이면 자동으로 복을 받는 것이 아니다. 언약의 말씀을 "듣고 삼가 그것을 행"(신 6:3)하지 않으면 약속은 이루어지지 않는다. 언약의 말씀을 지킬 때 젖과 꿀이 흐르는 땅에서 크게 번성할 것이다. 그 명령이 바로 쉐마 구절(신 6:4-9)이다.

> 이스라엘아 들으라 우리 하나님 여호와는 오직 유일한 여호와이시니 너는 마음을 다하고 뜻을 다하고 힘을 다하여 네 하나님 여호와를 사랑하라 오늘 내가 네게 명하는 이 말씀을 너는 마음에 새기고 네 자녀에게 부지런히 가르치며 집에 앉았을 때에든지 길을 갈 때에든지 누워 있을 때에든지 일어날 때에든지 이 말씀을 강론할 것이며 너는 또 그것을 네 손목에 매어 기호를 삼으며 네 미간에 붙여 표로 삼고 또 네 집 문설주와 바깥 문에 기록할지니라 (신 6:4-9)

가나안 땅에 들어가 잘살게 되면, 오직 하나님만 섬겨야 한다. 가나안의 다신교 사회에서 혼합주의(Syncretism)를 조심해야 한다. 십계명 가운데 제1계명이 "너는 나 외에는 다른 신들을 네게 두지 말라"다. 하나님 앞에 다른 신을 놓고 섬겨서는 안 된다는 분명한 지침이다. 오직 여호와만 사랑해야 한다.

그러면 어떻게 하는 것이 하나님만 사랑하는 것일까? 막상 대답하려면 머뭇거리게 된다. 하지만 신명기 6장 쉐마 구절은 하나님을 사랑하는 구체적 예를 바로 이어서 설명한다. 그것은 다름 아닌 "말씀을… 마음에 새기"(6절)는 방법이다. 노부모를 사랑하는 방법이 무엇일까를 생각해 보면 쉽게 이해할 수 있다. 노년의 부모를 사랑한다는 것은 그분의 말씀을 소홀히 하지 않고 소중히 여겨 마음에 새기는 것이다.

하나님의 말씀을 '마음에 새긴다'는 표현은 의역이다. 영어 성경은 이 부분을 '하나님의 말씀을 가슴 위에 두라'(to be upon your hearts, NIV)고 번역했다. 사랑하는 사람의 편지를 가슴 깊숙이 간직하고 다니는 것을 연상케 하는 표현이다. 고대에는 성경책을 소유할 수 없으니 하나님의 말씀을 암송했다. 그것이 하나님을 사랑하는 방법이었다. 말씀을 암

송하는 것이 곧 '마음에 새기는 것'이라고 생각하면 된다. 이렇게 부모가 먼저 하나님을 사랑하고 말씀을 소중히 여기고 실천하는 삶을 살아야 한다.

그리고 그 사랑을 영적 이웃인 자녀에게 부지런히 가르쳐야 한다. 쉐마 구절은 어떤 의미에서 '하나님 사랑'(4-6절)과 '이웃 사랑'(7-9절)을 실천하라는 것이다. 부모는 자녀를 사랑한다. 그렇다면 부모는 자신이 소유한 가장 소중한 것을 자녀에게 주려 할 것이다. 그것은 바로 하나님이 누구신지, 그리고 그분이 우리를 위하여 어떤 일들을 행하셨는지 알리는 것이다. 성경을 가르치는 것이다. 집에 있든, 여행 중이든, 자고 깰 때든 언제나 하나님의 말씀을 강론해야 한다.

"너는 또 그것을 네 손목에 매어 기호를 삼으"(8절)라고 했다. 이것은 본인이 직접 읽고, 잊지 않고 삶의 지침으로 삼으라는 뜻이다. 또 "네 미간에 붙여 표로 삼"(8절)으라는 것은 자신이 하나님을 경외하는 사람이라는 것을 다른 사람에게 표하라는 것이다. "네 집 문설주"(9절)에 기록하라는 것은 가족 구성원을 위한 것이다. 가족이 말씀을 기준으로 살겠다는 표시다. "바깥 문에 기록"(9절)하라는 것은 마을 사람들에게 우리 가족이 하나님 믿는 사람임을 알리라는 뜻이다.

이런 경고의 말씀대로 실천하는 것이 조심하는 삶이다. 그런데 가나안에 들어간 다음 세대 교인은 그렇게 살지 않았던 것으로 보인다. 대표적 예를 엘리 제사장과 두 아들에게서 찾을 수 있다. 엘리의 자녀 홉니와 비느하스는 행실이 나빴다.

> 엘리가 매우 늙었더니 그의 아들들이… 회막 문에서 수종 드는 여인들과 동침하였음을 듣고(삼상 2:22)

두 아들의 나쁜 행위는 신앙과 무관하지 않다. 그들은 여호와를 모른다(삼상 2:12). 사사기 2장 10절에 나오는 "여호와를 알지 못하"는 세대와 일치한다. 그들의 예배 생활은 엉망이다. 제사를 드리지만, 하나님을 모르고 형식적으로 행하고 있다.

> 이 소년들의 죄가 여호와 앞에 심히 큼은 그들이 여호와의 제사를 멸시함이었더라(삼상 2:17)

엘리의 자녀들은 제사 예법을 어기고 자기의 욕망을 채

우기에 급급하다(삼상 2:13-16). 엘리는 자녀들의 악행을 듣고도 불러 야단치며 벌을 주지 않는다.

> 내가 그의 집을 영원토록 심판하겠다고 그에게 말한 것은… 그가 자기의 아들들이 저주를 자청하되 금하지 아니하였음이니라(삼상 3:13)

엘리의 자녀에 대한 신앙 교육과 훈련 모습이 어떤지 적나라하게 볼 수 있다. 왜 그렇게 되었을까? 그 원인을 사무엘상 2장 29절에서 찾을 수 있다.

> … 네 아들들을 나보다 더 숭히 여겨 내 백성 이스라엘이 드리는 가장 좋은 것으로 너희들을 살지게 하느냐"(삼상 2:29)

엘리는 하나님보다 두 자식을 더 소중히 여겼다. 이것은 심각한 문제다. 언약 백성이 가장 중요하게 여겨야 할 하나님보다 자녀와 그들의 욕망을 더 소중히 여겼다는 것이다. 하나님의 교회에서 있을 수 없는 행위다. 사사 시대의 이스라엘 교회가 왜 영적으로 망했는지 단적으로 볼 수 있는 대표적 예다.

한국에서 가장 영향력 있는 종교는 불교도 아니고 유교도 아니고 기독교도 아니란다. 바로 '대학교'라는 우스갯소리가 있다. 한국 그리스도인 부모가 자녀에게 요구하는 가장 중요한 것이 무엇일까? 그것은 대학이다. 좋은 대학에 가기 위한 학업 성적이다. 학업 성적이 좋아야 좋은 대학에 가고, 좋은 대학을 나와야 좋은 직장을 얻고, 좋은 직장을 얻어야 좋은 배우자를 만난다고 믿는다. 그것이 성공이라고 생각하는 부모라면 자녀는 그런 부모의 마음을 모를까? 자녀는 부모의 욕망을 잘 간파한다. 부모의 요구를 충족시키기 위해 열심히 경쟁 세계에 뛰어들어 공부에 매진한다. 이렇게 부모와 자녀가 한 덩어리가 되어 달려갈 때 영적 기근과 가난이 심각한 상태에 이르게 된다.

한국 교회는 선진국에 진입한 한국에서 경제적 부요를 누리고 있다. 하지만 그와 더불어 영적 기근과 가난의 길을 달려가고 있는 것 아닐까.

신앙 교육의 현실
한국 교회의 다음 세대 신앙 교육은 잘되고 있을까? 주일학교의 역할이 제대로 기능하고 있나? 가정에서의 신앙 교육은 기대하기 어려운 것일까? 기독교 학교는 턱없이 부족하다. 그런데도 미션 스쿨이 있으니 걱정할 필요 없을까?

한국 교회 신앙 교육의 현실을 네 가지 영역에서 살펴보자. 먼저는 가정, 학교, 사회의 현실을 살펴보고, 이를 통해 주일학교 신앙 교육의 위치와 중요성, 그리고 주일학교 교사의 중요성을 살펴보겠다.

| 가정 |

한국 교회에서 신앙 교육은 주일학교의 전유물처럼 여긴다. 마치 사회에서 학업은 일반학교에서 이루어지고 가정에서 책임지지 않는 것처럼 말이다. 무엇보다도 주일학교가 부흥하면서 가정 신앙 교육이 점점 사라졌다. 아이러니하게도 영국과 미국의 부흥운동과 더불어 성장한 주일학교 운동 때문이다. 주일학교가 일반학교처럼 조직적으로 운영되면서 가정에서 신앙 교육의 중요성이 반감되고, 급기야 가정예배 전통이 사라졌다.

개신교회는 종교개혁 이후 가정예배 전통을 만들어 왔다. 종교 개혁가들은 로마 가톨릭교회의 종신 독신제도를 비성경적으로 보고 거부했다. 사제는 결혼하여 가정을 이루는 것이 중요하다고 가르쳤고 또 실천했다. 수도사였던 루터는 수녀였던 캐서린과 혼인했다. 칼뱅도 혼인했고 가정을 이루었다. 종교개혁은 가정의 소중함과 하나님의 언약이 가정 단위로 이어진다는 것을 확인하고 실천했다. 가정은 하나님이 만드신 최초의 사회적 제도이며 기관이다. 인간이 만든 제도가 아니라 하나님이 주신 선물이다. 결혼을 통해 가정을 이루고, 또 자녀를 낳아 가정 단위로 언약 공동체를 이룬다. 부모는 자녀에게 하나님의 언약을 가르치고 전수할 의무가 있다. 가정은 중세 수도원의 역할을 대신한다. 가정에서 기도하고 성경 읽고 함께 하나님을 찬양한다. 가정은 교회 안의 작은 교회(Ecclesiola in Ecclesia)다.

성경에서 '가정'이라 번역된 단어는 단순히 '집'이나 '가족'을 뜻하는 말이 아니다. 영어로는 '하우스홀드'(Household)라는 단어가 어울리지만, 한국어로는 적당한 단어를 찾기 어렵다. '집'과 '가정'에 해당하는 히브리어 '바이트'(בית)나 헬라어 '오이코스'(οἶκος) 모두 언약의 말씀을 선포하고 함께 들을 수 있는 범위의 공동체를 지칭하는 개념이다. 그것이 가정으로 번역되고 있다. 소위 언약 공동체가 가정인 것이다. 가정의 핵심 개념은 언약의 말씀이 보존되고 선포되는 것이다. 아브라함 가족을 생각해 보자. 아브라함 가정은 언약 공동체다. 언약의 표징인 할례를 행해야 했다. 하나님은 남성의 포피를 베어서 그것을 언약으로 표시하라고 명령하셨다. 그런데 창세기를 보면 할례의 대상이 단순히 아브라함의 혈육만 해당하지 않는다.

> 너희의 대대로 모든 남자는 집에서 난 자나 또는 너희 자손이 아니라 이방 사람에게서 돈으로 산 자를 막론하고 난 지 팔 일 만에 할례를 받을 것이라 (창 17:12)

"이방 사람에게서 돈으로 산 자", 곧 노예나 종도 할례를 받아야 했다. 왜 그럴까? 그것은 언약의 말씀 때문이다. 아브라함이 언약의 말씀을 선포할 수 있는 범위가 곧 언약 공동체다. 노예나 종들도 언약의 말씀을 듣기에 언약 공동체에 속하고 언약의 복을 받는다. 만약 가정에서 언약의 말씀이 선포되지 않으면 그 기능을 상실한다. 아버지와 남편에게 가장의 권위가 부여되는데, 그것은 오로지 언약의 말씀을 맡는다는 전제 때문이다. 만약 언약의 말씀을 전하지 않는다면 직무를 유기하는 것이며, 그 권위는 기능을 상실한다. 오히려 언약 때문에 주어진 가장의 권위가 오용될 수 있다.

구약성경에 보면, 가장이 가정의 영적 제사장, 선지자, 왕으로서의 역할을 수행했다. 욥은 자녀들의 영적 상태를 늘 노심초사했다. 자녀들과 함께 그들을 위해 제사를 드렸다(욥 1:5). 가정에서의 가정예배는 경건한 가정의 영적 부요함을 보여 준다. 야곱은 어려운 시기에 "자기 집안 사람과 자기와 함께한 모든 자에게… 이방 신상들을 버리고 자신을 정결하게 하고 너희들의 의복을 바꾸어 입으라"(창 35:2)고 권고했다. 가정의 왕으로서 영적 명령을 한 것이다. 여호수아는 "너희가 섬길 자를 오늘 택하라 오직 나와 내 집은 여호와를 섬기겠노라"(수 24:15)라고 외쳤다. 속 좁은 가장이 아니다. 오히려 가장이 신앙적 결단을 했다. 이스라엘 교회는 가정 단위로 예배하고 언약 공동체를 이루었다.

장로교회를 중심으로 가정예배는 언약의 자녀에게 신앙을 전수하는 좋은 방법으로 자리 잡았다. 그런데 산업혁명과 부흥운동을 거치면서 가정에서 신앙 교육과 훈련하는 전통이 사라졌다. 지금 한국의 그리스도인 중에 가정예배를 하는 집이 별로 없다. 아주 극소수의 가정이 매일 가정예배를 드리려고 애쓰고 있을 뿐, 좋은 전통으로 자리 잡지 못했다. 그러다 보니 가정에서 언약의 자녀가 부모로부터 신앙을 전수 받기 어렵다. 자녀와 부모 사이에 대화도 쉽지 않다. 현대 문명의 이기인 스마트폰은 가정의 모습을 많이 바꾸어 놓았다. 요새는 자녀든 부모든 집에 들어오면 스마트폰만 쳐다본다. 물론 대화를 하기는 한다. 정말 필요한 대화 말고는 말이 잘 오가지 않는다. 그런 상황에서 부모와 자녀 사이에 신앙적 대화는 어렵다. 가정예배라는 관습과 전통이 없다면 어떻게 자녀에게 신앙을 전수할 수 있단 말인가?

부모 세대와 자녀 세대의 기독교 문화의 차이도 상당하다. 자녀는 부모가 좋아하는 찬송가를 모른다. 부모는 자녀에게 익숙한 CCM을 모른다. 문화도 다르다. 다른 세대가 한 집안에 공존한다.

그러다 보니 일주일에 한 시간 주일학교의 역할이 상대적으로 너무나 중요해졌다. 가정에서의 신앙 교육 부재로 주일학교에서의 신앙 교육이 아이들이 받을 수 있는 유일한 영적 관리가 됐기 때문이다. 주일학교 교사의 책임이 더욱 막중해졌다. 주일학교 교사는 부모가 챙기지 않는 영적 가르침과 돌봄의 역할을 감당한다. 그런데도 그들의 역할은 별로 인정받지 못한다. 교회마다 5월이면 으레 스승의 주일을 보내지만, 주일학교 교사를 향한 감사의 표시는 눈에 띄지 않는다.

| 학교 |

근대적 의미의 공립학교 제도는 19세기 중반, 특히 미국과 유럽에서 의무교육이 제도화되면서 본격적으로 시작되었다. 오래전부터 사립학교나 혹은 개인 차원의 도제 교육은 있었지만, 모든 시민에게 교육의 기회가 균등하게 주어진 지는 그리 오래되지 않았다. 공립학교 정신은 기본적으로 인본주의에 기초한다. 특정 종교의 영향으로부터 독립된 형태다. 교육철학은 진화론적 무신론에 근거하여 운영되어 왔다. 우리나라 공립학교도 마찬가지다. 그렇다 보니 그리스도인 자녀가 공립학교를 다니면서 진화론과 창조론 사이에서 종교적 혼란을 경험하기도 한다. 미국의 상황은 좀 더 위험하다. 진화론과 창조론의 대립을 넘어서 젠더 의식과 성교육 분야에서도 지나치게 개방적, 비성경적 논리로 가르친다. 이런 위험을 해결하기 위해 미국에서 기독

교 사립학교를 세우기 시작했다. 미국만 하더라도 이런 사립학교는 정부로부터 재정적 지원을 받지 못한다. 특정 종교를 기반으로 교육하기 때문에 공적 기관으로 보기 어렵다는 이유다.

선교를 위해 세워진 미션 스쿨은 어떤가? 이 학교도 사립학교 범주에 속한다. 성경을 가르치고 채플을 시행하며 불신자에게 복음을 전할 기회를 얻는다. 역사적으로 이런 방법이 많이 활용되어 왔다. 우리나라에서도 선교 초기 선교사들이 미션스쿨을 세웠고, 많은 열매를 맺었다. 그런데 언제부터인가 한국의 미션스쿨은 그 기능을 다했다. 선교사들이 세운 미션스쿨이 정부의 재정적 지원을 받기 시작하면서 고유의 종교적 색채를 낼 수 없게 된 것이다. 2004년 서울 대광고등학교 강의석 군 사건으로 인해 미션스쿨의 역할이 거의 불가능하게 되었다. 종교의식을 강요할 수 없고, 성경 과목을 가르칠 수도 없게 되었다.

그러니 학교에 신앙 교육을 기대하기는 어렵다. 미션 스쿨도 그 기능을 포기해야 하는 상황이다. 일반학교에 다니는 교인의 자녀는 아무런 경계심 없이 공부하고 있지만 사실은 영적으로 매우 위험한 상황에 노출되어 있음을 알아야 한다.

이렇게 학교에서 무신론적 진화론에 노출된 아이들이 유일하게 신앙 교육을 받을 수 있는 곳이 어디일까? 바로 주일학교다. 시대가 흐를수록 주일학교의 역할이 얼마나 중요한지 알 수 있다. 주일학교 한 시간이 다음 세대 영혼의 생사를 결정하게 되는 셈이다. 주일학교 교사도 그만큼 중요하다. 일반학교 교사가 인성교육을 포기한 입장이고, 부모가 신앙 교육을 하지 못하고 있으니, 주일학교 교사의 역할은 한없이 중요하다.

| 사회 |

집을 나선 아이는 가방을 메고 학교로 향한다. 수업을 마치면 편의점에서 간단한 간식으로 허기를 채우고 학원으로 향한다. 미술학원, 영어학원, 수학학원, 바둑학원, 음악학원 등. 학원 수업을 마치고 짬이 나면 PC방이나 노래방으로 향한다. 친구들과 엽기떡볶이, 신전떡볶이, 죠스떡볶이, 청년다방 같은 곳에서 함께 시간을 보낸다.

요즘 아이들은 스마트폰이 있기에 언제 어디서나 온라인으로 게임을 즐긴다. 놀 수 있는 방법이 한두 가지가 아니다. 로블록스, 마인크래프트, 브롤스타즈, 리그오브레전드, 배틀그라운드, 원신, 쿠키런 같은 놀거리가 수없이 많다. 친구와 오가는 얘기란 가볍고, 즐겁고, 말초적 감각을 자극하는 것들이다.

학생이라면 누구나 전쟁터를 방불케 하는 피 터지는 학업 경쟁에서 벗어나고 싶다. 부모의 욕심이 생산하는 압박에서 벗어나고 싶다. 위로받을 곳이 친구밖에 없다. 공감과 동질감이 부모보다 친구를 더 친밀하게 만든다. 안타깝게도 부모는 자녀와의 관계보다 학업에 더 신경을 쓴다. 학업과 성적에 목숨을 거는 부모와 자녀가 가까워지기는 어렵다. 친구는 경쟁자들보다 훨씬 더 사랑스럽다. 학교의 반 친구는 내신 성적으로 경쟁사일 뿐이나. 학원 친구는 그린 직접적 경쟁과는 거리가 있으니 가깝게 지낼 수 있다.

친구 관계가 사회성 형성에 좋다는 사회학적 연구가 있지만, 분명하게 구분해야 할 것이 있다. 부정적 사회성이 있고 긍정적 사회성이 있다. 친구 관계가 무조건 사회성에 좋다는 것은 정확하지 않다. 아직 사회화 과정을 충분히 경험하지 않은 상태의 아이들은 무분별하게 관계를 형성할 가능성이 크다. 언어폭력이나 또래 간 괴롭힘에 노출될 가능성

또한 배제할 수 없다. 이처럼 지금을 살아가는 아이들은 세속 사회와 환경 가운데 노출되어 있다. 세상이 제공하는 말초적 감각에 취약하고, 절제나 통제가 어렵다. 신앙적이고 영적인 믿음과 사고, 그리고 행동을 보고 배울 수 있는 환경이 아니다.

그렇기에 주일학교가 너무나 중요하다. 만약 주일학교에서의 신앙 교육과 훈련이 제대로 되지 않는다면, 저들은 영적 기근에 허덕이게 될 것이다. 교사가 친구처럼 저들과 교제하며 관계하지 않는다면, 저들의 영적 친구는 아무도 없을 것이다. 주일학교 교사의 역할이 얼마나 중요한지 새삼 확인하게 된다.

주일학교가 중요해

'주일학교'는 '교회학교'라 불리기도 한다. 주일학교(Sunday School)가 주중학교(Day School)를 염두에 둔 용어라면, '교회학교'는 '일반학교'와의 상관관계를 고려한 용어다. 그러나 이 두 용어는 한국 교회에서 비슷한 의미로 혼용된다. 교회학교가 범위가 좀 넓어 보이지만, 주일학교의 다른 호칭일 뿐이다. 논쟁은 의미가 없다. 주일학교는 주일에 열리는 교회학교다.

주일학교는 18세기 후반 영국에서 시작된 기독교 교육 운동이다. 이 운동은 산업혁명 시기에 자생한다. 부모들이 공장으로 내몰리고, 어린이까지도 노동을 했다. 어린이는 교육받을 기회가 없었다. 그러다가 근대 주일학교 운동을 시작한 영국의 언론인 로버트 레이크스(Robert Raikes)가 토요일이나 주일에 길거리를 배회하는 어린이들에게 글자를 가르치며 복음을 전하기 시작했다. 그것이 나중에 주일학교로 발전했다.

첫 주일학교는 1780년 영국의 글로스터에서 시작했다. 교회가 길거리 아이들에게 초등 교육을 제공했다. 읽기, 쓰기, 그리고 인성 교육을 했다. 당연히 성경을 읽고 쓰면서 신앙을 가르쳤는데, 이것이 전국으로 퍼졌다. 나아가 미국의 산업혁명과 부흥운동의 흐름과 함께 평신도 운동으로 성장했다. 그러던 주일학교가 선교사들을 통해 한국에까지 전해졌다. 주일학교 역사는 약 250년 정도 된다. 주일학교는 그 이후 교회의 중요한 교육 프로그램으로 자리 잡았고, 오늘날에도 많은 교회에 어린이와 청소년을 위한 신앙 교육의 중요한 부분이 되었다.

18세기 이전에는 주일학교라는 것이 존재하지 않았다. 주일학교가 없었던 때가 있었다니, 상상할 수 있겠는가? 그렇다면 그 이전에는 아이들이 어디에서 신앙 교육을 받았을까? 당시 신앙 교육은 가정에서 이루어졌다. 그렇다고 주일에 교회에서 아무것도 하지 않은 것은 아니었다. 어린이들도 주일에 예배에 참석했다. 다만 부모와 온 가족이 주일 예배에 나란히 참석해 예배를 드렸다. 아이들은 부모가 예배하는 모습을 보면서 자연스럽게 신앙을 배웠다. 당연히 목사의 설교를 어릴 때부터 들으며 신앙이 성장했다.

21세기에도 주일학교가 없는 교회가 있다. 개혁교회에서는 지금도 주일에 주일학교가 운영되지 않는다. 18세기 이전 교회의 모습을 가지고 있다. 네덜란드 개혁교회가 그렇다. 이 개혁교회가 어떤 방식으로 다음세대에게 신앙을 전수하는지 자세하게 알아보자.

첫째, 개혁교회는 주일학교를 운영하지 않는 대신 주일 오전과 오후 어른들이 참여하는 예배에 어린이들도 함께 참여한다. 최근 어떤 개혁교회는 부모와 함께 참여하는 오전 예배 때 어린이를 위한 맞춤 설교를 5-10분 정도 하고, 어린이들을 각 교실로 보내 일종의 주일학교 형태를 운영한다.

이들은 오전 예배를 마치면 교회에서 식사하지 않는다. 모든 가족이 가정으로 돌아가 가족과 식사를 한다. 맛있는 케이크를 먹으며 오전에 들었던 설교에 대해 나눔 시간을 가진다. 그리고 오후나 저녁에 또 예배에 참석한다. 물론 온 가족이 함께한다. 이런 방식은 어린이의 신앙 교육에 매우 강력한 효과가 있다.

둘째, 기본적으로 개혁교회 가정은 매일 가정예배를 한다. 매일 식사 시간에 기도하고 육의 양식을 먹고 난 후 영의 양식을 먹는다. 그리고 찬송하고 기도한다. 가정예배, 가족 경건회, 식탁 성경 읽기라고 부를 수 있다. 이것을 하루 세 번 한다. 이것이 종교개혁 이후 지금까지 이어져 오고 있다. 아름답고 강력한 전통이다. 여기에서 신앙 교육이 아주 충실하게 이루어진다.

셋째, 주중에는 기독교 학교를 통해 신앙을 교육한다. 기독교 학교의 운영은 교회가 맡지 않는다. 부모가 이사회를 구성하고 책임을 진다. 모든 교과목을 기독교 세계관으로 가르친다. 기독교 학교에서 찬송, 교회 역사, 성경, 기도 훈련을 받는다.

넷째, 중학생 나이가 되면 교회에서 입교 교육을 시작한다. 담임 목사가 직접 일주일에 하루 저녁 1-2시간 교리 교육을 실시한다. 그렇게 6년을 공부한 후 입교하고 성찬에 참여한다. 이런 특징 때문에 주일학교가 없어도 오히려 기독교 교육이 더 충실하게 이루어진다.

하지만, 한국의 상황은 전혀 다르다. 가정예배를 찾아보기 어렵다. 가정에서 신앙 교육이 제대로 이루어질 수 없다. 기독교 학교는 지난 20년 동안 조금 생기긴 했지만, 턱없이 부족하다. 2025년 현재 전국의 기독교 학교 수는 300개가 조금 넘는 정도다. 그마저도 부모들이 대안학교 형태인 기독교 학교에 학생을 보내지 않아 학생 모집에 어려움을 겪고 있다. 사회 환경도 만만치 않다. 멀티미디어의 등장은 어린이의 영적, 정서적 안정을 담보하기 어려운 처지다.

예전에 기독교 학교 담당자들이 모여 주일성수 운동을 했던 적이 있다. 그때 서울에 있는 지도자들과 토론을 했다. 그들 가운데 한 유명한 분이 "내가 알고 있는 목사의 모든 자녀는 주일에 학원을 간다"라고 말해서 충격을 받았던 적이 있다. 지금은 그런 모습이 더 이상 충격이 아니다. 너무 일반화되어 있어서다. 교회 직분자의 자녀도 예외가 아니다.

어느 교회에서 들은 이야기인데, 직분자 자녀가 주일학

교에 참석하지 않는단다. 학원에 가야 하기 때문이다. 어떤 장로는 고등부 담당 목사에게 "내 아들은 자체적으로 1년간 고등부 방학을 하겠다"라고 통보했다고 한다. 1년 후에 다시 교회로 돌아오겠다는 것이다. 주일성수는 구습으로 치부하는 분위기다. 부모가 자녀를 주일학교에 보내 주는 것만으로도 고마운 형편이다.

주중에 학업을 위해 학교와 학원으로 내몰리다 보니, 아이들은 너무나 피곤하다. 심신이 피곤한데 주일까지 주일학교에 와서 성경 공부를 하라고 하니 힘들다. 교사들은 그런 아이들이 불쌍해서 성경 공부보다 그들의 아픔과 힘든 이야기를 들어 주는 것으로 끝내기 일쑤다. 맛있는 떡볶이나 피자를 먹으며, 서로의 아픔과 힘듦을 나누는 것으로 주일학교의 역할을 한다고 여길 만큼 상황이 달라졌다.

기독교 교육의 관점에서는 매우 척박한 환경이며, 어려운 시기라는 것을 확인할 수 있다. 그런 점에서 주일학교는 교회의 아이들에게 상대적으로 중요하다.

교사가 중요해

주일학교가 중요한 것처럼 주일학교 교사의 역할이 중요하다. 주일이면 학원이 아이들을 부른다. 혹은 PC방이나 친구가 아이들을 유혹한다. 주일학교에 가기 어려운 요인이 너무나 많다. 주일학교 교사가 너무나 귀하고 중요하다. 그들의 역할이 너무나 필요한 때다.

하지만, 주일학교 교사의 헌신과 열정이 예전 같지 않다. 주일학교는 방학이 없다. 교사는 1년 내내 교회에 출석해야 한다. 교사로 섬기는 것이 쉽지 않다. 그렇기에 교사의 역할이 상대적으로 더 중요하다. 부모는 주일학교 교사에게 감사해야 한다. 교사를 위한 기도를 멈추지 말아야 한다. 자녀의 신앙을 책임지기 때문이다.

상황이 이러함에도 여전히 주일학교 투자에 인색한 교회가 많다. 교회의 노령화로 관심이 분산되고 있다. 교회는 늘어나는 노인 돌봄에 많은 재정과 관심을 쏟는 만큼 주일학교에도 관심을 기울여야 한다.

현대화된 아이들은 좋은 대학교에 가기 위해 안간힘을 쏟는다. 지방에 있는 학생은 수도권 대학에 가려고 한다. 꿈을 이루기 위해 과도한 사교육도 마다하지 않는다. 사교육이 주일에도 가동되기에 주일학교는 비어 간다. 학원 강사의 역할과 비중이 주일학교 교사의 가치보다 더 높다고 여기는 시대. 이런 환경에서 주일학교 교사의 역할이 얼마나 고귀하고 소중한지 모른다!

주일학교가 부흥할 때만 해도 교사의 반 관리 역량에 따라 출석하는 학생의 숫자가 결정되었다. 열심 있는 교사, 헌신하는 교사, 열정적 교사의 반이 부흥하고, 그러면 긍정적 순환으로 이어지곤 했다. 그러다 보니 교사도 열심히 할수록 보람을 느꼈다. 아이도 부흥하는 분위기에 편승했다. 하지만 지금은 그런 분위기를 기대하기 어렵다. 어린이 인구가 급감하고 있다. 사회적 환경도 다르다.

주일학교 교사는 반 관리에서 양적 부흥보다 실석 부흥에 더 많은 관심을 쏟아야 한다. 주일학교의 교육 방향이 이제 단순 지식 전달에서 관계의 회복으로 바뀌어야 한다. 하나님과의 관계, 부모와의 관계, 교사와의 관계, 친구와의 관계 회복이 중요하다. 삶으로 드러나지 않는 신앙이란 죽은 것과 다름없다.

교사는 살아 있는 하나님의 말씀을 통해 학생들이 관계를 회복하는 방향으로 나아가도록 도와야 한다!

토론을 위한 질문

[1] 이번 본문을 읽고 마음에 남은 문장이나 가장 도전이 되었던 내용을 이야기해 보세요. 특별히, '일주일 168시간 중 한 시간의 주일학교 교육'을 생각해 보고, 느낀점이나 깨달음을 함께 나누어 보세요.

[2] 이스라엘은 가나안 정착 이후 세대가 하나님을 알지 못했습니다(삿 2:10). 오늘날 한국 교회도 물질적 풍요 속에서 영적 빈곤을 겪고 있습니다. 이 시대 교회나 가정에서 이러한 영적 빈곤의 징후를 본 적이 있나요? 구체적인 사례가 있다면 함께 나누고, 이를 해결하기 위해 교사로서 무엇을 할 수 있을지 이야기해 봅시다.

[3] 입신양명을 신앙적 성공으로 착각하는 한국 교회의 현실은 많은 것을 생각하게 합니다. 학생과 자녀의 '세속적 성공'과 '신앙적 성공'을 어떻게 구분하고 있나요? 교사로서 학생들의 학업과 진로를 응원하면서도, 신앙의 본질을 놓치지 않기 위해 어떤 노력을 하고 있는지 구체적으로 나누어 봅시다.

[4] 쉐마 구절(신 6:4-9)은 하나님을 사랑하는 방법으로 '말씀을 마음에 새기고 자녀에게 부지런히 가르치라'고 명령합니다. 가정이나 교회에서 이 말씀을 어떻게 실천하고 있나요? 자녀나 학생에게 하나님의

말씀을 가르치기 위해 하고 있는 작은 실천이나 앞으로 실천하고 싶은 구체적 계획을 이야기해 보세요.

[5] 한국 가정에서 가정예배가 사라지고 있습니다. 주변 교인 또는 내 가정은 어떠한가요? 가정예배를 회복하기 위해 교사로서 학생들에게 혹은 부모들에게 어떤 제안과 도움을 줄 수 있을지 구체적으로 나누어 보세요.

[6] 학교와 사회가 무신론적, 세속적 환경으로 변해 가고 있습니다. 이런 가운데 주일학교의 한 시간 교육이 더욱 중요한 시대가 되었습니다. 학생들이 세속적 환경에서 받는 가장 큰 유혹이나 도전이 무엇이라고 생각합니까? 그 유혹을 이겨내도록 돕기 위해 주일학교 교사로서 어떤 말씀 교육, 관계 맺기, 기도 지원을 할 수 있을지 구체적인 아이디어를 나누어 봅시다.

[7] 주일학교 교육은 단순 지식 전달에서 관계 회복으로 나아가야 합니다. 교사로서 학생과의 관계 회복을 위해 어떤 노력을 하고 있나요? 또한, 앞으로 학생들이 하나님과의 관계를 회복하도록 돕기 위해 이번 학기 혹은 올해 가장 먼저 실천하고 싶은 구체적인 행동 한 가지를 이야기해 봅시다.

PART 3

진짜 교사입니까

선생 되지 마라
— 바리새인의 모습은 없는가

오늘 주일학교의 상황에서 주일학교 교사가 된다는 것은 어떤 의미가 있을까? 교회 주일학교가 예전 같지 않다. 21세기 주일학교는 20세기 주일학교의 체질과 다르다는 것을 인정해야 한다. 과거에 그랬던 것이 더 이상 당연하지 않은 시대라는 말이다.

이런 상황을 인지하면서 우리는 스스로를 향해 이런 질문을 던져 봐야 한다.

"당신은 교사입니까?"

'난 교사 맞지!'라고 대답하겠지만, 그게 그렇게 단순하지 않다. 성경에는 좀 의외의 말씀이 기록되어 있다. 교사가 되려는 사람의 사기를 꺾으려는 듯한 구절이다. 성경은 '선생이 되지 말라'고 권고하고 있다! 좀 긴장하고 이야기를 들어야 할 것이다.

내 형제들아 너희는 선생된 우리가 더 큰 심판을 받을 줄 알고 선생

이 많이 되지 말라 (약 3:1)

선생 되지 말라는 이유는 분명하다. "더 큰 심판"을 받을 것이기 때문이다. 선생이 다른 사람보다 더 엄한 벌을 받는다는 뜻일까? 그렇다기보다 그만큼 선생의 책임이 크다는 의미다. 교사는 말로 가르치는 자인데, 말이 너무나 중요하다는 것이다. 혀에서 생산되는 말이 얼마나 중요한지 야고보는 계속 얘기한다.

> 혀는 능히 길들일 사람이 없나니 쉬지 아니하는 악이요 죽이는 독이 가득한 것이라 이것으로 우리가 주 아버지를 찬송하고 또 이것으로 하나님의 형상대로 지음을 받은 사람을 저주하나니 (약 3:8-9)

야고보는 앞서 행함이 없는 믿음을 지적했다(약 2장). 그리고 행함이 없는 말의 위험을 경고한다. 선생은 말을 많이 하는 직책이니 조심하라는 뜻이다.

"선생이 많이 되지 말라"의 다른 번역을 보면, "저마다 선생이 되려고 하지 마십시오"(공동번역)라고 되어 있다. 선생이 좋은 줄 알고 많이 지원하는데, 그러지 말라는 뜻이다.

유대인의 랍비는 사람들의 존경을 한 몸에 받았다. 랍비는 유대인 종교행사와 의식을 주재하고 가르치는 활동에 참여하며 다양한 역할을 수행했다. 지역사회를 위한 구제와 봉사활동에도 관여했다. 심지어 랍비는 율법의 화신으로 존경을 받았다. 랍비는 유대인에게 인기 있는 직책이었다. 랍비 역할을 했던 유대인은 바리새인과 서기관, 그리고 율법교사들이다. 바리새인과 서기관이 모세의 자리에 앉아서 율법 교사와 해석자로서 활동한 것 자체는 비난받지 않았다. 특히 그들이 말로 가르친 행위 자체는 문제가 되지 않았다. 문제는 랍비가 가르치고 말한 것을 정작 본인이 지키지 않고 행하지 않았다는 점이다. 예수님은 그 점을 지적하고 비난하셨다.

> 그러므로 무엇이든지 그들이 말하는 바는 행하고 지키되 그들이 하는 행위는 본받지 말라 그들은 말만 하고 행하지 아니하며 (마 23:3)

바리새인과 서기관은 선생으로서 말을 잘하고, 가르침에 능했던 자들이다. 하지만 그들의 삶은 가르침과 크게 달

랐다. 말과 삶의 괴리는 어쩔 수 없는 인간의 문제이지만, 그들은 그것을 인정하지 않고 가리고 덮으려 했다. 선생이 빠지기 쉬운 유혹이다. 지금이야 '선생'이라는 단어가 주는 권위가 예전과 다르지만, 과거에는 "스승의 그림자도 밟지 않는다"는 말이 있었을 정도로 학생의 눈에 선생님은 대단한 분이었다. 그런데 성경을 보면 서기관과 바리새인은 "모든 행위를 사람에게 보이고자"(마 23:5) 했다고 한다. 사람들이 예의를 갖추면 그들은 그것을 즐겼다.

> 그들의 모든 행위를 사람에게 보이고자 하나니 곧 그 경문 띠를 넓게 하며 옷술을 길게 하고 잔치의 윗자리와 회당의 높은 자리와 시장에서 문안 받는 것과 사람에게 랍비라 칭함을 받는 것을 좋아하느니라 (마 23:5-7)

또 랍비는 "잔과 대접의 겉은 깨끗이 하되 그 안에는 탐욕과 방탕으로 가득"(마 23:25) 했다. 그들은 "회칠한 무덤 같으니 겉으로는 아름답게 보이나 그 안에는 죽은 사람의 뼈와 모든 더러운 것이 가득"(마 23:27) 했다.

겉과 속이 다른 삶은 하나님 앞에 용납되지 않는다. 사람의 눈은 속일 수 있지만, 하나님의 눈은 피할 수 없다. 결국 교사와 선생으로서 제 본분을 다하지 못한 서기관과 바리새인은 예수님으로부터 야단을 맞았다. 모양만 번지르르한 채 가르침을 실천하지 않는 선생은 사람에게는 환호를 받을지 몰라도 심판의 때에 화가 있을 것이다.

혹시 지금 주일학교 교사로 헌신하고 있다면, 스스로 바리새적 요소가 있지는 않은지 점검해 보기를 바란다. 내 신앙보다 더 부풀려 보이고 싶은 마음은 없었는가? 신자는 교회에서 많은 것을 배운다. 무엇이 옳고 그른지 들은 것이 많다. 그것을 삶에 적용하며 순종하고 실천하기 위해 애써야 한다. 그런데 그런 노력보다는 배운 지식을 다른 사람의 잘못과 결점을 지적하는 데만 사용하고 있지는 않은지 돌아보자.

'그리스도인은 말이 많다'는 지적을 받곤 한다. 말보다 삶이 중요하다. 그런데 말이 행동보다 앞서기 쉽다. 듣기보다 말이 앞선다. 전도할 때 보면 신자들은 비신자의 말을 들으려 하지 않고 일방적으로 전하려고만 한다. 상대의 말을 들으려는 마음이 없다. 이것은 학생의 자리보다 선생의 자리를 좋아한다는 뜻이다. 예수님이 원하시는 신자의 모습과는 거리가 멀다.

우리는 알게 모르게 성경의 명령에 어긋나는 일을 많이 한다. 요즘은 교회가 지역사회에 좋은 일을 하면 동네방네 소문을 많이 낸다. 기독교 신문에도 나오고, 교회 자체적으로 현수막을 내걸고 광고를 한다. 때로는 선행을 전도를 위한 도구로 사용하기도 한다. 그러나 엄밀히 말하면 이런 일은 성경의 명령에 어긋난다.

> 너는 구제할 때에 오른손이 하는 것을 왼손이 모르게 하여 네 구제함을 은밀하게 하라 은밀한 중에 보시는 너의 아버지께서 갚으시리라 (마 6:3-4)

우리는 흔히 '빛과 소금'이라는 말을 많이 사용한다. 광염교회라는 이름의 교회도 있다. 순서상 빛이 앞이고 소금이 뒤다. 그런데 정작 성경에서는 빛보다 소금이 먼저 등장한다는 사실을 아는가? 마태복음 5장 13절에 "너희는 세상의 소금이니"라고 하고, 14절에 "너희는 세상의 빛이라"라고 한다. 성경 순서로 하면 '소금과 빛'이다. 그런데 우리는 왜 순서를 바꾸어 '빛과 소금'이라고 말하게 됐을까? 조금

억지스럽게 느껴질지 모르지만, 나는 그만큼 인간이 소금보다는 빛을 더 선호하기 때문이 아닐까 생각했다. 소금의 역할은 눈에 띄지 않는다. 소금은 맛을 내기 위해 녹아 사라진다. 그에 비해 빛은 밝히 비춘다. 소금보다 빛이 더 화려해 보인다. 사람 앞에 드러내고 싶은 마음을 잘 대변해 준다. 그래서 '빛과 소금'이라 부르는 것이리라.

교회에서 가장 많이 하는 말을 꼽으라면 "주님의 이름으로 사랑합니다"일 것이다. 예배 시작 전에 옆 사람과 서로 이렇게 인사하기도 한다. 성경 여러 곳에도 '서로 사랑하라'고 권면하고 명령한다(요 13:34-35; 롬 13:8; 요일 4:7-8). 사랑의 인사를 주고받는 것이야 나쁠 것 없다. 덕담으로 이해할 수 있다. 큰 의미를 두지 않는다는 뜻이다. 하지만 기독교의 사랑이 그런 것인가? 한번 던져 보는 인사치레인가? 사랑이 그리 가벼운 것인가? 그렇지 않다. 가정에서조차 실천하기 정말 어려운 것이 사랑이 아닌가. 하물며 일주일에 한 번 만나는, 혹은 초면일지 모를 사람과 예배당에서 억지 미소를 지으며 "사랑합니다"라고 하는 인사가 진심일 수 있을까? 사실 이때 말하는 사랑은 진짜 사랑일 수 없다. 이때 나누는 "사랑합니다"라는 인사는 어쩌면 과한 표현이다. 진짜 사랑이 뭔지도 모르고 입만 벙긋거리는 인사는 분명 신앙의 본질에 어긋나는 행위다. 최소한 내가 신자라면 이렇게 인사하기 전에 사랑을 묵상해 봐야 한다. 주님의 이름으로 성도를 사랑한다는 것이 무엇인지 알고, 그 사랑을 실천할 수 있어야 한다.

주일학교 교사의 역할은 무엇일까? 자신이 맡은 학생에게 성경과 복음을 가르치고, 그들에게 신앙생활의 모범을 보이는 것이다. 교사는 가르침과 생활의 일치가 요구되는 직무다. 그런 차원에서 교사는 생각보다 어려운 직무가 분명하다. 인간은 완전하지 않다. 교사도 연약함과 부족함 가운데 복음을 가르치고 실천해야 하는 어려움이 있다.

교사는 가르치는 이론과 삶의 실천에서 드러나는 처절한 현실을 학생에게 보이고 싶지 않을 수 있다. 그러다 보면 교사는 약점을 감추고, 강점을 드러내는 쪽으로 행동한다. 더 나아가 자신의 지식과 삶을 아름답게 꾸미려고 한다. 말과 행위를 멋지게 색칠하여 학생으로부터 칭찬을 받고 싶다. 그러면 학생이 교사를 존경하고 따른다. 하지만, 그런 가짜 삶은 곧 들통나기 마련이다. 학생 앞에서 잘 숨긴다 해도 하나님의 눈을 피할 수는 없다. 바리새인과 서기관의 외식을 야단치신 하나님의 질책을 교사도 피할 수 없을 것이다. 교사가 더 큰 심판을 받을 수 있다.

　교사 중에는 가정에서 학부모인 경우가 많다. 부모로서 가정에서 자녀에게 신앙 교육을 하는 것이 힘들까, 아니면 교사로서 주일학교에서 학생들을 가르치는 것이 힘들까? 아마도 열이면 열 전자라고 대답할 것이다. 왜 그럴까 가정에서는 자녀들이 부모의 모습을 적나라하게 다 보기 때문이다. 말과 행동의 불일치가 가장 잘 드러나는 공간이 가정이다. 숨길 수가 없다. 주일학교에서 훌륭한 교사가 가정에서도 좋은 부모이면 좋겠지만, 그렇지 않을 수도 있다. 제아무리 교사라도 자녀의 신앙 교육과 훈련에는 어려움을 토로하는 경우가 적지 않다. 자녀는 부모의 약점을 잘 안다. 부모가 자녀에게 "예배 시간 늦지 마!", "성경 읽어!"라는 말을 하지만, 본인은 오전 예배에 늦을 뿐만 아니라, 성경도 읽지 않는다. 부모의 이런 불편한 진실을 자녀들이 모를까? 다 안다.

　그에 비해 교사는 학생 앞에서 적당히 포장할 수 있다. 삶을 다 보여 주지 않아도 된다. 교사가 가정에서 어떻게 살아가는지 학생이 알 리 없다. 그러니 교사 역할을 멋지게 감당할 수 있다.

어떤 주일학교 교사는 주일 오전 예배에 참석하지 않는다. 주일학교 봉사를 예배로 간주하는 것이다. 주일학교 봉사하고 또 주일 예배에 참석하는 것이 부담스러운 일이라는 것을 안다. 그러나 주일학교 예배는 어린이를 위한 것이다. 교사는 예배자가 아니라 봉사자다. 교사는 주일 오전예배에 참석해야 한다. 만약 스스로 신앙의 모범을 보이지 않는다면 자녀에게 신앙 교육을 하기 어렵다. 자녀들이 그것을 다 보고 있기 때문이다.

그에 비해 주일학교 학생들은 교사의 이런 이중적인 모습을 알 리 없다. 교사가 학생들에게 성경을 가르치고, 멋진 말로 조언할 때 좋은 평가와 평판을 얻는다. 본인의 자녀보다 교회 주일학교 학생 다루기가 훨씬 쉽다고 느낀다. 봉사의 보람도 있다. 하지만 내 자녀의 신앙 훈련은 너무 어렵다. 그 괴리가 너무 크면 큰 문제다.

이런 현실을 직시하면 교사 되고 싶은 마음이 싹 가신다. 교사가 부담스럽다. 그래서 야고보가 신자에게 선생 되지 말라고 한 것이 아닐까? 선생은 더 큰 심판을 받을 것이라고 했다. 무슨 더 큰 죄를 지었기 때문일까? 다른 사람에게는 좋은 것을 가르쳐 놓고, 정작 자신은 그것을 믿지도 않고 실천하지도 않는 외식(外飾)을 행하기 때문이다.

주일학교 교사로서 열심히 봉사했는데, 나중에 하나님에게 야단맞는다면 얼마나 억울할까! 차라리 교사를 하지 않는 길을 택하는 것이 지혜로운 것이 아닐까? 교사가 영예로운 직무라 할지라도 추천할 사역이 아닌 것이 분명하다. 교회 좀 다녔다고 주일학교 교사로 애써 자원할 것도 아닌 것 같다. 선생의 책임이 이렇게 큰데 감당할 수 있을까?

이쯤 되면 어떤 사람들은 이렇게 질문할 수도 있다.

"저는 아주 오랫동안 주일학교 교사로 섬겼는데요, 그러면 이제 교사 봉사를 그만둬야 합니까?"

"작년부터 교사로 봉사했습니다. 이게 이렇게 무거운 직책인 줄 몰랐네요. 저는 이제 어떻게 해야 합니까?

"저는 내년부터 교사로 봉사하려고 기도하고 있어요. 그냥 포기해야 하나요?"

처음 질문으로 돌아가 보자. '당신은 교사입니까?' 이 질문에 '예, 제가 교사입니다'라고 큰 소리로 답하기 어렵다. 그러면 누가 교사로 섬길 수 있을까? 그 누구도 교사로 봉사하려 하지 않을 것이다. 하나님이 교사를 벌하실 것이기 때문이다. 무서워서 어떻게 교사로 섬길 수 있겠는가!

선생 되어라
—흉내 말고 진실함으로

만약 지금 주일학교 교사로 섬기고 있다면 너무 걱정할 필요 없다. 하나님은 우리의 연약함을 아시는 분이다. 하나님은 약한 자를 들어 일꾼으로 쓰시기 때문이다. 이것이 신비다. 무자격자를 선생으로 쓰시는 하나님을 생각해 보라! 은혜의 법이 아니고는 설명 불가다. 오직 은혜(Sola Gratia)만이 하나님의 사랑과 공의를 이해할 수 있다.

> 때가 오래 되었으므로 너희가 마땅히 선생이 되었을 터인데 너희가 다시 하나님의 말씀의 초보에 대하여 누구에게서 가르침을 받아야 할 처지이니 단단한 음식은 못 먹고 젖이나 먹어야 할 자가 되었도다 (히 5:12)

하나님은 우리에게 '선생 되어라' 명령하신다. 말씀대로라면 교회에 다니며 신앙 생활한 지가 오래면, 마땅히 선생 되는 것이 옳다. 히브리서 기자는 장성한 자가 되어 선생의 역할을 감당해야 한다는 점을 강조한다. 이런저런 이유로 교사가 되었다면, 책임이 크다는 점을 인식하고 하나님이 주신 직무를 순종하는 마음으로 수행하는 것이 주님의 뜻이라는 말이다. 그러므로 우리는 가르침을 받으며 신앙을 성장시키고, 후에는 가르치는 선생의 자리로 나아가야 한다.

교사는 어린아이처럼 젖이나 먹고 단단한 식물을 먹지 못하는 "말씀의 초보" 수준에 머물러서는 안 된다. 신앙의 진보를 이루어야 한다. "지각을 사용함으로 연단을 받아 선악을 분별하는 자"(히 5:14)가 되어야 한다. 교사가 신학을 공부하는 목사 후보생처럼 대단한 지식과 믿음의 수준에 이르러야 한다는 말이 아니다. 만약 그렇다면 누가 교사로 지원해 주일학교 학생들에게 복음을 가르칠 수 있겠는가. 아무도 없을 것이다.

신앙은 물량이나 수적으로 정량화하기 어렵다. 믿음의 수준은 평가하기 어렵다. 신앙의 연수도 교사 됨의 정도를 측정하는 데 도움이 되겠지만, 절대적이지 않다. 교회 생활을 오래 한 사람이라도 신앙이 별로인 사람이 있다. 교회 생활한 지 얼마 되지 않은 사람이라도 성경을 많이 읽고 교리에 밝아 신앙이 좋은 사람도 있다. 하나님이 각 사람에 나눠 주신 은사, 즉 선물의 분량이 각각 다르다. 이점을 인정할 때

비로소 교사를 시작할 수 있다. 교사는 하나님으로부터 받은 교사로서의 은사가 있다. 이것이 교사 됨의 기본이다.

> 내게 주신 은혜로 말미암아 너희 각 사람에게 말하노니 마땅히 생각할 그 이상의 생각을 품지 말고 오직 하나님께서 각 사람에게 나누어 주신 믿음의 분량대로 지혜롭게 생각하라 (롬 12:3)

교사의 유혹은 '모르는 것'과 '수준이 낮은 것'을 드러내고 싶지 않은 것이다. 또 그것을 인정하기 싫어한다. 그래서 교사는 늘 자신의 현 모습보다 더 나아지기 위해 끊임없이 추구하는 강박에 사로잡힐 수 있다. 자신의 현 모습보다 더 나은 존재로 자랑하려고 허세를 부린 바리새인과 같은 자가 되기 쉽다. 교사가 외식하는 자의 대열에 설 수 있다니 놀랍다.

교사는 어떻게 해야 할까? 그럴 때 바울이 로마 성도를 위해 쓴 편지를 기억하면 좋겠다. 로마서 12장 3절에서 바울은 "마땅히 생각할 그 이상의 생각을 품지 마십시오. 오직 하나님이 여러분 각자에게 나누어 주신 믿음의 분량대로 지혜롭게 생각하십시오"라고 말했다. 하나님으로부터 받은 "믿음의 분량"은 소중하고 귀하다. 하나님이 상황과 때에 따라 알맞게 주시는 것이기 때문이다. 따라서 내 믿음을 다른 사람과 비교하며 교만해서는 안 된다. 동시에 자신의 분량을 부끄러워해서도 안 된다. 하나님이 주신 것은 각 신자에게 가장 좋은 것이다. 다른 사람과 비교해 우월감으로 자만해서도 안 되지만, 열등감으로 좌절할 필요도 없다. 자기 상태 그 이상의 생각을 품는 것은 교만이다. 자기 믿음의 분량에 맞게 주어진 은사에 자족하면 유익이 크다. 자족하지 못하고, 마땅히 생각할 그 이상의 생각을 품고 행동하며, 더 나은 것을 흉내 내면, 외식하는 자의 죄에 빠질 수 있다. 교사는 그걸 조심해야 한다.

교사는 자신이 받은 것 그 이상을 가르치려고 할 필요가 없다. 하나님이 주시고 자신이 받은 만큼만 가르쳐도 된다. 자기를 넘어서는 지식과 열정으로 가르치다 보면 어느 순간 시험에 들 수 있다. 할 수 있는 만큼만 해도 된다. 그보다 더 열심히 하려다가 가랑이 찢어진다. 번아웃(burnout) 될 수도 있다. 그것은 하나님이 기뻐하지도 않고 원하지도 않으신다. 또 그것이 본인에게도 기쁨이 되지 않는다. 결국 교사로서의 사역이 무거운 짐이 되어 교사를 그만두게 된다.

예전에는 학교에서 고전 읽기 프로그램에서 영웅전이

나 혹은 위인전을 많이 읽게 했다. 교회에서도 성경 속 위대한 인물이나 교회 역사에 있었던 믿음의 장수들을 본받아야 한다는 얘기를 많이 들었다. 성경에 나오는 모범 인물들, 모세, 여호수아, 기드온, 삼손, 다윗, 엘리야, 엘리사, 다니엘, 베드로, 스데반, 바울, 요한을 본받으라고 했다.

교회 역사 속에 등장하는 영웅과 위인들도 많다. 고백록을 쓴 아우구스티누스(Augustine)와 그의 어머니 모니카(Monica)가 그렇다. 헌금할 돈이 없어 헌금 주머니 위에 올라앉아 자신을 드린 남아프리카 선교사 로버트 모펫(Robert Moffat)도 있다. 또한 존 록펠러(J. D. Rockefeller)의 십일조 이야기는 모범적인 헌금 생활로 널리 알려져 있다.

하지만, 영웅전이나 위인전은 늘 조심해야 한다. 인간 안에서 일하신 하나님의 위대함을 덮어 버리기 때문이다. 인간의 위대함을 찬양하는 것은 심각한 타락이다. 어떻게 인간 영웅이 가능할 수 있나? 모든 인간은 멸망 받을 죄인일 뿐이다. 그런 인간을 사람 만드신 분이 바로 하나님이시다. 오직 하나님께만 영광(Soli Deo Gloria)이 있을 뿐이다. 오직 예수 그리스도만(Solus Christus)이 우리가 존경하고 본받을 분이다. 인간에게는 누구나 알지 못하는 죄가 있다. 단지 알려

지지 않았을 뿐이다. 자신의 정체성을 부풀리는 것도 문제지만, 다른 사람을 영웅화하는 것도 문제다.

나는 아이들이 어릴 때 영웅전이나 위인전을 읽히지 않았다. 하나님이 주신 믿음의 분량과 은사의 종류는 다양하고 다르다. 한 사람이 다른 사람의 믿음을 흉내 낼 수도 없고, 은사를 따라 할 필요도 없다. 굳이 읽는다면, 인간이 얼마나 죄인이며 인생이 얼마나 비참한지를 잘 보여 주는 작품이면 충분하다. 예수 믿고 새 사람이 되어 변화한 것을 간증하는 사람들이 있다. 그런데 시간이 지나면서 결국 자기 이름과 영광을 드러내고 있는 것을 본다. 왜 그럴까? 인간 속에 죄가 살아 있기 때문이다.

교사의 위신을 세우기 위해 자신이 받은 믿음의 분량을 부풀릴 필요 없이 그대로 나타내고 그 모양 그대로 섬기면 된다. 학생은 교사의 성경 지식이 부족하다고 무시하지 않는다. 중요한 것은 지식보다 정직함이다. 모르면 모른다고 대답하는 순전함이 필요하다. 학생이 성경 내용에 대해 질문할 때 교사가 모르면 어떻게 할까? 창피하다고 생각할 수 있다. 그러면 학생들에게 질문을 못 하게 막을 수 있다. 그럴 필요 없다. 질문에 답할 수 없으면 모른다고 인정하면 된다.

대신 '내가 공부해서 다음 주일에 대답해 줘도 되겠니?'라고 대답하면 된다. 그러면 학생은 기꺼이 받아들이고 기다린다. 그래도 답을 모르겠으면, "잘 모르겠네!"라거나, "내가 나중에 목사님에게 물어보고 알려 줄게"라고 적극적으로 해결책을 찾으면 된다. 그런 과정에서 학생은 교사의 솔직함에 감동할 것이고, 그 열정과 사랑에 감사할 것이다.

부모도 자녀가 성경과 신앙에 대해 질문할 때 두려워할 필요가 없다. 자신이 모른다는 사실을 숨길 필요도 없다. 모르면 모른다고 솔직하게 인정하고 함께 답을 찾아가는 것이 지혜롭다. 새롭게 시작하는 교사는 경험도 부족하고 성경 지식이 일천할 수 있다. 하지만 걱정하지 말라. 주일학교 교사용 지침서가 있기에 조금만 준비하면 잘할 수 있다. 늘 바쁘다는 핑계로 미리 준비하지 않는 것이 오히려 문제다. 주중에 가르칠 주일학교 교재를 충실하게 준비하면 웬만한 질문은 대답해 줄 수 있다.

토론을 위한 질문

[1] 이번 장을 읽고 가장 마음에 남았거나 새롭게 깨달은 점이 있다면 이야기해 보세요. 특히 '선생 되지 말라'와 '선생 되라'라는 성경의 상반된 명령을 통해 든 생각을 솔직하게 나누어 보세요.

[2] 야고보서 3장 1절에서의 '심판'은 단순히 형벌이 아니라 그만큼 선생의 책임이 더 크다는 의미라고 했습니다. 교사로서 가르치는 책임의 무게를 어떻게 느끼고 있나요? 실제로 교사 사역을 하면서 '내 말과 가르침이 학생에게 영향을 미친다'는 부담감 때문에 어려움을 느꼈던 경험이 있다면 구체적으로 나누어 보세요.

[3] 바리새인과 서기관은 말과 삶이 일치하지 않는 선생의 모습을 대표합니다. 혹시 학생들에게 가르친 내용과 교사로서 내 삶 사이에 괴리를 느꼈던 경험이 있나요? 어떻게 극복하거나 해결하려고 노력했는지, 혹은 아직도 해결되지 않은 부담이 있다면 함께 나누어 보세요.

[4] '빛과 소금'의 순서가 성경과 다른 것은 어쩌면 교회나 신자가 사람들에게 빛처럼 화려하게 드러나고 싶은 마음을 반영한 것일지 모릅니다. 혹시 나도 교사 사역을 하면서 하나님께보다는 사람에게 인정받고 싶은 마음이 자리잡고 있지는 않나요? 나도 모르게 생기는 위선적

태도나 인정욕구를 점검해 보고, 이를 극복하기 위한 개인적 신앙의 방법을 나누어 봅시다.

[5] 히브리서 5장 12절에서는 "때가 오래 되었으므로 너희가 마땅히 선생이 되었을 터인데…"라고 말하며, 결국 신자는 성장하여 선생이 되어야 한다고 말합니다. 지금까지 신앙 생활을 하며, '이제 나도 선생이 되어야 할 때'라고 느낀 적이 있었나요? 그때 느꼈던 부담감과 동시에 사역자로서의 기쁨, 혹은 두려움을 구체적으로 나누어 봅시다.

[6] 로마서 12장 3절 말씀처럼 교사는 자신이 받은 '믿음의 분량'을 인정하고, 그 이상을 가르치려 하지 말아야 합니다. 교사로서 내 한계를 인정하기가 쉬운 편인가요, 어려운 편인가요? 예를 들어, 학생의 질문에 답하지 못했을 때 느낀 감정과, 그런 상황에 어떻게 대처했는지를 나누어 주세요. 또한, 앞으로 자신의 한계를 솔직하게 인정하면서도 학생들을 잘 이끌기 위해 어떤 마음가짐을 가질지 이야기해 보세요.

[7] 성경은 '선생 되지 말라'는 경고와 '선생 되라'는 권면을 모두 전하며, 결국 교사는 하나님의 은혜로 세워지는 존재임을 깨닫게 합니다. 현재 교사로서 어떤 두려움과 기대를 가지고 있나요? 그리고 앞으로 교사 사역을 감당하며 가장 먼저 실천하고 싶은 구체적인 다짐 한 가지를 함께 나누어 보세요.

2부

교사를 꿈꿉니다

PART 4

누가 좋은 교사인가

과거와 분명히 달라진 주일학교의 현실 속에서 교사가 된 사람은 어떤 꿈을 꾸고 있을까? 교사의 꿈은 무엇일까? 당신은 교사로서 무엇을 목표로 하고 있는가?

제자는 선생만큼 한다

청출어람(青出於藍)이라는 사자성어가 있다. 푸른색 염료는 '쪽풀'이라는 풀에서 얻는데, 그 쪽풀보다 더 푸르다는 뜻으로, 흔히 스승보다 기량이 뛰어난 제자를 가리킬 때 이런 말을 한다. 일종의 덕담이다. 건강한 교사라면 청출어람을 꿈꾸기 마련이다. 주일학교 교사도 다르지 않다. 지금 나는 교사로서 무엇을 꿈꾸는가? 무엇을 목표로 하고 있는가? 혹시 꿈도 없이 희망과 보람을 기대하고 있지는 않은가?

주일학교 교사는 자신이 가르치고 돌보는 학생이 교사 자신보다 더 낫기를 바란다. 주일학교 부흥회나 세미나에 가면 교사로서 사역을 성공적으로 했던 분들의 얘기를 듣곤 한다. 주일학교 교사의 섬김과 봉사로 훌륭한 목사도 나오고, 선교사도 나오고, 사회에서 중요한 역할을 하는 일꾼들도 나오게 되었다는 간증을 듣는다. 참 아름답고 가슴 뛰는 이야기다. 그런 간증을 들으면 가슴에 뜨거운 열정이 생긴다. 그런데, 그 꿈이 현실성이 있을까? 그런 꿈이 이루어질까?

성경은 이에 대해 뭐라고 가르칠까? 성경에는 이런 말이 있다.

> 제자가 그 선생보다, 또는 종이 그 상전보다 높지 못하나니 제자가 그 선생 같고 종이 그 상전 같으면 족하도다… (마 10:24-25)

'제자가 그 선생보다, 종이 상전보다 높지 못하다'는 말은 제자가 겸손해야 함을 교훈한다. 한편으로 선생이 과욕을 품지 말아야 한다는 것도 말해 준다. 교사는 제자가 잘되기를 바라기에 청출어람을 꿈꿀 수 있다. 하지만 실상은 제자가 선생만큼 되어도 성공한 것이다. 물론 이 말은 학생이 교사보다 더 훌륭해질 수 없다는 뜻이 아니다. 제자가 스승의 수준에 이르면 떠날 때가 되었다는 뜻이다. 스승의 역할은 거기까지다.

군대 훈련소에는 신병을 훈련하는 조교가 있다. 신병이 조교가 가진 수준에 이르면 이제 군인으로서 역할을 다할 수 있다. 그래서 훈련소를 퇴소한다. 일종에 '가르칠 것이 없으니 이제 그만 하산하여라'가 성립되는 것이다. 그 후 신병은 얼마든지 조교보다 더 훌륭한 군인으로 성장해 갈 수 있다. 다만 훈련 기간만큼은 조교가 신병보다 그 분야에서 뛰어나야 한다. 만약 조교의 능력이 수준 이하면, 훈련생도 그 정도에 머물고 말 것이다. 그래서 조교를 뽑을 때 그 능력을 고려한다.

기대와 욕심을 혼동하지 마라

부모의 자녀에 대한 기대와 꿈은 어떨까? 주일학교 교사의 제자에 대한 꿈보다 더 실제적이다. 부모가 자녀에 대해 거는 기대, 이해 못 할 것도 아니다. 문제는 과한 기대다. 부모는 자녀에게 큰 기대를 한다. 부모는 자녀가 명문 대학에 진학하기를 원하며, 이를 위해 방과 후 학습, 과외 수업, 학원 등을 적극적으로 활용한다. 시간과 재정, 노력을 아끼지 않는다. 자녀의 성적이 시원치 않으면 부모는 실망할 것이다. 그래도 부모는 포기하지 않는다. 더 많은 지원을 한다. 직업 선택에도 부모의 욕심은 사그라질 기미가 보이지 않는다. 의사, 변호사, 엔지니어와 같은 선호가 뚜렷하다. 예를 들면, 부모는 자녀가 의과대학에 진학해 의사가 되기를 바란다. 이런 직업이 일반적으로 사회적 지위가 높고 안정적인 수입을 보장한다고 여기기 때문이다. 그리고 부모는 자녀의 인성과 사회성에 대해서도 관심을 기울인다. 부모는 자녀가 예의 바르고, 친구 관계가 좋고, 책임감이 있기를 기대한다. 특히 가족 행사나 공식 모임에서 그러기를 바란다. 그런 것들을 향상하기 위해 무엇이든지 한다.

하지만 자녀는 그런 부모의 기대에 부응할 수 있을까? 사실 자녀는 부모의 능력만큼 하면 잘한 것이다. 자녀가 부모보다 더 좋은 성적을 내기란 어렵다. 이런 말을 들으면 부모가 기분이 좋지 않을 수 있겠다. 자식에 대한 기대를 버리라는 말이 듣기 좋을 리 없다. 그런데 이 말은 기대를 버리라는 말이 아니다. 욕심을 버리라는 말이다. 어떤 부모는 본인이 공부를 못해서 대학을 못 갔는데 자식에게 일류대학을 강요한다. 부모의 못다 푼 욕망을 자식에게 대물림한다. 물론 개중에는 청출어람을 실감하게 하는 자녀도 있다. 그러나 어쩌다 한 번이다. 특별한 일이니 뉴스에도 나오고 드라마 소재로도 쓰인다. 대부분 자식들은 부모만큼만 해도 잘한 것이다. 거꾸로 생각해 보자. 자식으로서는 엄마 아빠도 못한 걸 자기에게 강요하면 오히려 억울한 마음이 들지 않을까? 부모의 인성과 사회성이 좋지 못한데 자녀가 어떻게 바르게 자랄 수 있겠는가. 내 욕망을 대신 풀라고 자식을 들들 볶기 전에 그 욕망을 버리는 쪽을 택하는 것이 더 지혜롭다.

주일학교 교사가 학생에게 거는 기대도 부모의 기대와 크게 다르지 않다. 모두 학생과 자녀가 자신들보다 더 잘되길 바란다. 이왕이면 다홍치마라고, 어디 가서 칭찬받고 1등 하기를 바란다. 하지만 학생이나 자녀가 선생이나 부모만큼 되면 충분히 잘하는 것이다. 잊지 말아야 한다. 선생이나 부모가 학생과 자식이 자신들보다 더 잘되기를 바라는 것은 욕심일 수 있다. 소원과 소망이 과하면 욕심이 될 수 있다. 욕심은 우상숭배의 죄이고, 죄는 사망으로 가는 길이다.

좋은 교사 아래 좋은 학생

그렇다면 교사는 현실적으로 학생에 대해 어떤 목표를 가질 수 있을까? 훌륭한 학생이 되길 원하면 안 될까? 당연히 가능하다. 훌륭한 학생이 되길 바라는 것 자체는 문제가 아니다. 정말로 학생이 잘되길 원한다면 교사로서 해야 할 일이 있다. 그것은 교사 스스로 좋은 그리스도인이 되는 것이다. 좋은 교사 밑에 좋은 학생이 만들어지기 마련이다. 제자가 스승만큼 하면 잘하는 것이라는 원리가 적용된다. 스승의 수준이 제자의 수준이고, 스승의 실력이 높아야 제자의 실력도 높아진다.

동서고금을 막론하고 학생에겐 좋은 스승을 만나는 것이 복이다. 무협 영화나 소설을 보면 제자가 훌륭한 스승을 찾아 여정을 떠나는 이야기가 종종 등장한다. 구사일생 끝에 스승을 찾아 제자로 받아들여지면 그것 자체가 큰 영광이다. 주인공은 스승의 집에 머물며 교육과 훈련을 받는다. 청소부터 시작해서 여러 궂은일을 해야 한다. 무엇이든지 삶은 총체적인 것이기 때문이다.

하지만 주일학교 교사와 학생의 관계는 무술 세계의 스승과 제자 관계와 다르다. 주일학교는 스승이 학생을 찾아 전도해 오든가, 아니면 기존 학생을 배정받아 관계를 맺는다. 그렇지만, '스승과 제자'나 '교사와 학생' 관계의 메커니즘은 다르지 않다. 훌륭한 스승 밑에 훌륭한 제자가 나오고, 좋은 교사 아래 좋은 학생이 배출된다.

믿음의 스승 역할은 단순히 지식에 머물지 않는다. 믿음은 행함으로 나아가고, 행함은 믿음을 증명한다. 좋은 학생을 만들고 싶은 꿈이 있다면, 좋은 믿음의 선배이자 좋은 교사가 되어야 한다. 좋은 교사가 되는 것이 좋은 학생을 배출하는 방법이다.

누가 좋은 교사인가

그렇다면 좋은 교사란 어떤 교사일까? 다들 좋은 교사에 대한 기준이 다르다. 어떤 사람은 아낌없이 헌신하는 교사를 좋다고 평가할 것이다. 혹은 성경 지식이 특출한 교사를 좋게 본다. 또 학생 입장에서는 잘생기고 예쁘면 좋은 교사라고 말할 수 있을 것이다. 그렇다면 신앙적인 기준에서 좋은 교사란 어떤 교사일까?

요즘은 이런 교사가 '좋은 교사'라고 칭찬받는다. 늘 학생에게 미소 지으며 친절하게 대한다. 만나면 하이파이브를 하기도 한다. "선생님, 우리 잠시 쉬어요"라고 요청하면, 언제든지 들어준다. 아이들이 좋아할 법한 놀이를 미리 준비한다. 주일학교 후에 종종 떡볶이를 사준다. 학생의 생일을 챙긴다. 가끔 피자도 산다. 아이들은 그런 선생님을 잘 따르며 좋아한다. 이렇게 친절하고 이해심이 많은 교사야말로 교사로서의 모든 자격을 갖추었다고 할 수 있을까? 학생에게 인기 좋은 교사가 하나님에게도 좋은 교사라 평가받을 수 있을까? 생각해 볼 일이다. 물론 교사가 학생의 요구를 빠짐없이 들어주면 좋겠지만, 사실 교사가 가장 잘 가르치고 훈련해야 할 것은 복음과 신앙 훈련이 아니겠는가! 교사는 학생에게 도전과 과제를 주고, 그들의 신앙과 학습을 깊이 있게 이끌어야 한다.

이런 교사도 있다. 교회에 다닌 지 오래되었고 주일학교 봉사도 수십 년째 하고 있다. 주일학교 연합회에서 근속상도 받았다. 성경도 많이 안다. 그런데 아이들에게는 인기가 별로 없다. 그도 그럴 것이 아이들이 조금만 실수해도 야단을 치며 바로 교정을 시도한다. 엄격한 선생님 아래 바른 태도를 가진 아이들로 훈련되겠지만, 공감과 긍휼을 느낄 수 없다면 훌륭한 스승이라고 할 수 있을까? 신앙은 관계를 통해 증명되고 확인된다. 신앙은 지식에서 관계로 펼쳐질 때 파급력과 영향력을 가진다.

학생은 '멋지고 예쁜 선생님'을 좋아한다. 나는 어릴 때 대구 어느 도시 교회에서 2박 3일 동안 여름성경학교 봉사를 왔던 예쁜 여자 선생님을 잊을 수가 없다. 예쁜 용모의 선생님이 담임 교사였으니, 시골뜨기 사내아이가 반한 것이다. 그녀가 하는 행동과 말을 따라 했다. 교사가 멋있고 예쁘면 학생으로부터 인기를 얻는다. 하지만 신앙은 외적인 것에 있지 않고 내면에 있다. 교사는 외모가 좀 부족해도 학생에게 진정한 관심과 사랑을 보여 줄 때, 학생의 신앙에 도움이 된다.

이렇게 좋은 교사에 대한 다양한 견해가 존재한다. 그러나 한 쪽으로 치우친 교사관은 교사의 본래 역할을 방해할 수 있다. 좋은 교사는 학생의 신앙과 삶에 긍정적 영향을 미치는 사람이다. 그러려면 어떤 조건이 필요할까? 교육학을 공부해야 할까? 성경대학을 졸업해야 할까? 부흥회를 통해 은혜를 받아야 할까? 좋은 교사가 되려면 몇 가지 갖추어야 할 것이 있다.

첫째, 성경과 교리를 알아야 한다. 바울은 디모데에게 이렇게 말했다.

> 너는 진리의 말씀을 옳게 분별하며 부끄러울 것이 없는 일꾼으로 인정된 자로 자신을 하나님 앞에 드리기를 힘쓰라 (딤후 2:15)

교사는 "진리의 말씀"을 잘 알아야 한다. 그리고 참 교리와 거짓 교훈을 구분할 수 있어야 한다. 그렇지 않으면 교사

역할을 감당하기 어렵다. 좋은 교사는 진리의 말씀을 잘 알고 믿고 이해해야 한다. 교사가 성경을 한 번도 읽어 보지 않았다면 어떻게 될까? 교사가 성경을 모르면 맹인이 길을 인도하는 것과 같다. 그런데 주일학교 현장에는 성경을 잘 모르는 교사가 종종 있다. 교사로 봉사할 사람이 없는 탓에 어쩔 수 없이 봉사자를 찾다 보니 발생하는 안타까운 일이다. 하지만 성경 지식은 교사가 아니더라도 일반 모든 성도가 갖춰야 할 조건이다.

둘째, 교수 능력이 필요하다. 교사는 가르치는 사람이다. 그렇다고 주일학교 교사가 일반학교 교사들이 사범대학교에서 훈련하는 것 같은 전문 기술을 배워야 한다는 것은 아니다. 배우는 것과 가르치는 것은 그 위치와 자세가 다르다. 교사는 그 지위에 필요한 권위도 세워야 하고, 교수 방법도 고민하여 개발해야 한다. 신입 교사는 당연히 교수 방법을 배우고 연습해야 한다. 바울은 에베소 교회 목회자 디모데에게 이렇게 말했다.

> 주의 종은 마땅히 다투지 아니하고 모든 사람에 대하여 온유하며 가르치기를 잘하며 참으며 (딤후 2:24)

교사는 가르치는 자로서 교수법을 배워야 할 필요가 있음을 얘기했다. 젊은 교사라면 업신여김을 받지 않도록 실력을 갖출 필요가 있다. 주일학교에서 오래 봉사한 교사도 새로운 교수법을 지속적으로 배우고 익히는 것이 필요하다. 새롭게 시작하는 교사는 말할 것도 없으리라.

셋째, 성품이 좋아야 한다. 교사는 성경 지식과 교수 방법에 능숙할 뿐 아니라, 성품도 좋아야 한다. 디모데후서 2장 24절에서 바울은 교수법만 얘기한 것이 아니라, '다투지 않음', '온유', '인내'의 조건도 함께 얘기하고 있음을 주목할 필요가 있다. 주의 종, 교사라면 좋은 성품을 가져야 한다는 말이다. 교사는 학생과 싸울 수 없다. 교사는 참을성이 있어야 한다. 교사가 분노를 쉽게 표출해서는 안 된다. 온유한 성품을 가져야 한다.

지식만 갖추면 교사가 될 수 있다고 믿는 사람은 없다. 더구나 신앙적 지식은 신앙적 인격, 곧 성품으로 완성되어야 한다. 교사가 참을성이 없어서 쉽게 분노를 표출하거나 자기 자랑만 늘어놓는다면 학생이 그를 존경하고 따를까? 선생이 진리와 함께 기뻐하기보다는 거짓말을 쉽게 한다면 학생은 무엇을 배울까? 학생에게 잘해 준다는 명분으로 쉽게 약속하는 사람이 있다. 만약 교사가 "다음 주에 해 줄게!"라고 약속하면, 반드시 지켜야 한다. 그런데 어떤 교사는 약속은 쉽게 하지만 그것을 지키는 데는 소홀하다. 엄밀히 따지자면 그것도 거짓말이다. 진리가 아닌 거짓을 가르치고 훈련하는 셈이다. 조심해야 한다.

성령의 아홉 가지 열매, 즉 사랑, 희락, 화평, 오래 참음, 자비, 양선, 충성, 온유, 절제를 갖추어야 한다. 바울은 고린도 교회에 이렇게 말했다.

> 사랑은 오래 참고 사랑은 온유하며 시기하지 아니하며 사랑은 자랑하지 아니하며 교만하지 아니하며 무례히 행하지 아니하며 자기의 유익을 구하지 아니하며 성내지 아니하며 악한 것을 생각하지 아니하며 불의를 기뻐하지 아니하며 진리와 함께 기뻐하고 모든 것을 참으며 모든 것을 믿으며 모든 것을 바라며 모든 것을 견디느니라 (고전 13:4-7)

하지만 좋은 성품은 교사에게만 요구되는 것 아니라 일반 모든 성도에게 필요한 것이다.

넷째, 삶의 본이 되어야 한다. 스승은 단순히 지식을 전달하는 것에 머물지 않는다. 행실과 성품, 태도까지도 모범이 되어야 한다. 열매 맺는 삶과 지식은 분리할 수 없고, 부단히 연결되어야 한다.

주일학교 교사는 짧은 시간 진리를 가르친다. 교회마다 차이가 있겠지만, 20분 혹은 30분 정도 분반 공부 시간이 주어진다. 교사의 삶과 유리된 지식은 결코 열매를 맺을 수 없다. 학생은 교사의 실제(지식과 삶이 괴리되었을 경우)를 잘 모를 수 있다. 하지만, 인간은 영물이다. 영적 존재로서 교사의 그런 모습을 보고 느낀다. 작은 몸짓이나 표정 하나, 말 하나에서 그의 영적 상태를 안다. 거짓말을 하는지, 정말 하나님을 믿는지 안다. 바울이 디모데에게 했던 말을 기억해 보자.

누구든지 네 연소함을 업신여기지 못하게 하고 오직 말과 행실과 사랑과 믿음과 정절에 있어서 믿는 자에게 본이 되어 (딤전 4:12)

이것이 교사에게만 적용될까? 아니다. 사실은 모든 그리스도인에게 요구되는 조건이다. 신자는 본이 되는 삶을 살아야 한다. 칭의의 복을 누리는 신자는 성화의 길에 들어섰기 때문이다.

토론을 위한 질문

[1] 이번 장을 읽고 새롭게 배운 내용, 마음에 와 닿은 문장, 그리고 지금 교사 사역을 돌아보게 된 부분이 있다면 자유롭게 이야기해 주세요.

[2] 교사라면 누구나 '청출어람'을 꿈꿉니다. 그러나 현실적으로 이루기 어려운 꿈입니다. 교사로서 학생들이 나를 능가하길 바라는 마음이 있나요? 그렇다면 그 마음이 사역에 어떤 영향을 미치고 있나요? 내 기대가 학생들에게 도전과 격려가 되었는지, 아니면 부담과 좌절이 되었는지를 돌아보며 나누어 봅시다.

[3] 예수님은 제자가 스승만큼 되면 족하다고 하셨습니다(마 10:24-25). 즉 교사는 과한 욕심을 경계해야 합니다. 학생들의 성장을 보면서 언제 감사함을 느끼나요? 또한, 자신도 모르게 학생들에게 과도한 기대를 걸었던 경험이 있다면 나누어 보세요. 그때 학생과의 관계에 어떤 변화가 있었는지, 그리고 교사로서 배운 점은 무엇인지 이야기해 주세요.

[4] 학생들을 바라볼 때 '나의 소망과 기도'가 '욕심과 우상숭배'로 변질되지 않도록 어떻게 점검하고 있나요? 자신의 신앙적 기준과 기도 제목을 구체적으로 나누어 보세요.

[5] '좋은 교사 아래 좋은 학생이 자란다'는 말처럼, 학생의 수준은 스승의 수준을 넘어서기가 어렵습니다. 내가 생각하는 좋은 교사의 모습은 무엇인가요? 그리고 현재 나는 그 모습에 얼마나 가까이 있다고 생각하나요? 성경 지식, 교수 능력, 성품, 삶의 본이 되는 것 중 자신에게 가장 부족하다고 느끼는 부분을 나누고, 그것을 성장시키기 위한 실천 계획도 이야기해 보세요.

[6] 좋은 교사가 되기 위해 성경과 교리를 알고, 교수 능력을 개발하며, 좋은 성품을 갖고, 삶의 본이 되어야 한다고 말했습니다. 이 네 가지 요소 중 학생들에게 가장 큰 영향력을 미친다고 생각하는 것은 무엇인가요? 그 이유를 설명하고, 자신의 사역에서 이 부분을 어떻게 실천하고 있는지도 함께 나누어 봅시다.

[7] 마지막으로, 교사로서의 꿈과 목표를 정리해 봅시다. 앞으로 어떤 교사가 되기를 소망하나요? 그리고 하나님이 나를 통해 이루길 바라시는 꿈은 무엇일까요? 그 꿈을 이루기 위해 이번 학기 혹은 올해 가장 먼저 실천해야 할 구체적인 행동 한 가지를 함께 나누어 보세요.

PART 5

먼저 좋은 그리스도인 되기

좋은 교사가 되려면 어떻게 해야 할까? 교사의 수준을 높이기 위해 교회마다 매년 교사 수련회나 교사 세미나, 혹은 교사 대학을 통해 노력한다. 그것도 도움이 될 것이다. 그것마저 없다면, 정말 심각한 상황에 이를 것이기 때문이다.

하지만, 좋은 교사가 되는 가장 평범하고 자연스러운 방법은 좋은 신자가 되는 것이다. 당연한 말 같지만, 그것이 지름길이고 성경이 가르치는 좋은 교회 사역자의 길이다. 주일학교 교사가 살아가는 영역에서 좋은 그리스도인으로 성장하고 성숙하는 것이 무엇일까? 그 평범한 방법을 살펴보자. 거기에 주일학교 교사의 수준을 결정하는 요소들이 있기 때문이다. 첫째, 가정에서, 둘째, 교회에서, 셋째, 일터에서 어떤 모습으로 훈련하고 성장해 가야 할지를 살펴보자.

가정에서
—좋은 부모가 좋은 교사가 된다

한 그리스도인의 믿음과 생활을 어떻게 평가할 수 있을까? 주일 오전과 오후 예배 참석 여부가 일차적 기준일 수 있다. 그리고 교회 각종 기도회(새벽, 수요, 금요 등)에 참석하는가 정도일 것이다. 또 전도를 얼마나 하는가, 각종 봉사의 영역

(리더십, 성가대, 주차, 청소 등)에 참여하고 있는가에 따라 신앙 정도를 파악할 수 있을 것이다. 헌금 생활도 신앙을 평가하는 척도일 수 있다. 재물이 있는 곳에 마음이 있기 때문이다.

하지만 외적 교회 활동은 항상 내적 신앙을 보장하지는 않는다. 남에게 보이려던 바리새인과 서기관의 종교 활동은 외적 활동에서 좋은 점수를 받았다. 그들은 의도적으로 외적 모양을 좋게 치장했다. 교회에서 눈에 띄는 봉사에 적극적인 사람도 있다. 성가대나 주차 봉사 같은 잘 드러나는 봉사의 위험이 그런 것이다. 어떤 장로는 그 직분을 얻기 위해 일부러 사람들 눈에 잘 띄는 주차 봉사를 했다는 말을 들었다. 이것이야말로 외식이다. 안타까운 일이다. 따라서 교회에서 보는 것으로 그 사람의 삶 전체를 판단할 수 없다. 가정과 직장에서의 삶이 어떤지 알 길이 없다.

이런 외식이 가정에서도 있을 수 있을까? 가정은 내 어떠함을 숨길 수 없는 영역이다. 가정에서는 본인의 적나라한 모습이 그대로 드러날 수밖에 없다. 숨길 수 없다. 날것 그대로의 모습을 볼 수 있는 곳이 가정이다. 그런 곳에서 신앙인으로 살아가는 것이 어쩌면 가장 진솔한 그리스도인의 모습일 것이다.

아래 여섯 가지 질문에 스스로 점수를 매겨 보자.

[질문]

❶ 가정에서 자녀에게 좋은 그리스도인 부모로서의 역할을 하고 있는가?

❷ 가정에서 부부 사이에 좋은 그리스도인 배우자의 역할을 하고 있는가?

❸ 가장으로서 영적 제사장의 역할을 감당하고 있는가? 혹은 아내와 어머니로서 돕는 자의 역할을 잘 수행하고 있는가?

❹ 가정예배를 인도하며 가정의 영적 유익을 위해 애쓰고 있는가?

❺ 자녀들에게 신앙을 물려주기 위해 언약의 말씀을 매일 읽으며 가정예배를 하고 있는가?

❻ 자녀들을 그리스도의 성품으로 훈련하고 있는가?

[점수표]

	부족	약간 부족	보통	약간 잘함	잘함
❶					
❷					
❸					
❹					
❺					
❻					

만약 이 질문들에 좋은 점수를 매길 수 있다면 정말 좋은 그리스도인이다.

교회 봉사자에게 목사가 아래와 같은 위로의 말을 하기도 한다.

"여러분이 주의 일에 충성하면, 주님은 여러분의 자녀를 책임지실 것입니다."

참 은혜로운 말이다. 교회 일에 수고하고 헌신하는 성도에게 위로와 격려가 된다. 주일학교를 담당하는 교역자는 가정에서 자녀들의 신앙 문제로 힘들어하는 교사들의 상담을 받곤 한다. 그들은 자기 자녀가 '중고등부 여름 수련회에 가지 않으려 한다'든가, 혹은 '교회에 나가지 않으려 한다'라는 현실적 고민에 직면하곤 한다. 그럴 때 저 말을 종종 활용한다. 효과가 좋다. 우리를 위로하고 평안을 가져다 준다. 하지만 이 말이 부모로서 가정에서 해야 할 의무를 소홀히 해도 된다는 뜻은 아니다. 자녀의 신앙 교육은 부모가 책임질 일이다. 부모가 자녀의 신앙 교육을 소홀히 해도 교회 봉사 열심히 하면 주님이 챙겨 주신다는 믿음은 위험하다.

하나님은 스스로 일하시는 분이다. 우리가 하나님을 위해 봉사를 해야 하나님 나라가 이루어지는 것이 아니다. 하나님은 당신의 일을 능히 하실 수 있다. 하나님은 돌을 빵으로 만들 수도 있는 분이시다. 부모는 자신에게 주어진 역할을 우선 감당해야 한다. 자녀의 신앙 교육은 부모의 특권이며 동시에 의무다. 자녀의 신앙 문제는 부모 책임이다. 부모가 하나님으로부터 받은 자녀다. 자녀는 하나님의 선물이다. 부모에게 맡겨졌으니 언약의 말씀으로 부지런히 가르쳐야 한다.

아울러 부모는 언약의 자녀를 통해 자기 마음대로 개인적인 욕심을 채워서는 안 된다. 하나님의 자녀이기 때문이다. 성경에는 언급하기에도 불편하고 끔찍한 일들이 기록되어 있다. 이스라엘 역사 가운데 일어난 처참한 사건이 있다.

> 또 네가 나를 위하여 낳은 네 자녀를 그들에게 데리고 가서 드려 제물로 삼아 불살랐느니라 네가 네 음행을 작은 일로 여겨서 나의 자녀들을 죽여 우상에게 넘겨 불 가운데로 지나가게 하였느냐 (겔 16:20-21)

유다의 왕 아하스가 자기 아들을 불에 태워 제물로 바쳤다(왕하 16:3; 대하 28:3). 왕 므낫세도 자기 아들을 불에 태워 제물로 바쳤다 (왕하 21:6; 대하 33:6). 어처구니없는 비인간적이고 잔인한 일이 일어났다. 어떻게 언약 백성에게서 이런 일이 가능하단 말인가! 부모가 자녀를 도구로 여긴 까닭이다. 왕으로서 통치를 위해 자식을 희생한 것이다. 짐승만도 못한 인간이다.

오늘 우리의 삶을 돌아보자. 좋은 대학에 가기 위해 자녀를 과도하게 학원 뺑뺑이를 돌리지는 않는가? 그러는 동안 자녀의 신앙 교육을 위해서는 얼마나 많은 시간을 투자하는가? 부모는 자기 욕망을 자녀의 성공을 통해 성취하려고 하지 않는가? 자녀를 학업이라는 경쟁의 불구덩이 속으로 몰아넣고 있지 않은가?

내가 알던 한 주일학교 교사는 아침 등교 시간과 하교 시간만 되면 중학교로 향한다. 전도하기 위해서다. 손에 든 가방은 전도지로 가득하다. 주일학교에서 전도 열심인 교사로 유명하다. 주중에도 교회 봉사로 바쁘다. 교회 봉사에는 늘 앞장선다. 교회 교역자들은 그런 교사를 좋아한다. 동료 교사도 '나도 저런 열심을 가졌으면…' 하고 부러워한다. 그런데 이 교사에게는 고민이 있다. 중학생 나이의 자녀가 있는데, 신앙이 없다. 교회에 가지 않겠다는 거다. 협박도 하고 애원도 해 보지만, 백약이 무효하다.

어느 날 그 교사는 목사의 설교 가운데 은혜를 받고 위로를 받았다. '하나님의 일을 열심히 하고 기도하면 하나님이 모든 것을 해결해 주실 것이다'라는 권면이었다. 그래서 주일학교와 교회 봉사에 더욱더 매진했다. 하나님이 그런 자신의 열정과 믿음을 보시고 자녀의 신앙 문제를 해결해 주실 것이라는 기대로 말이다.

그는 무슨 문제를 안고 있을까? 열정을 탓할 수는 없다. 문제는 부모의 역할이다. 자녀에게 엄마가 필요할 때 엄마는 교회 봉사로 집을 비웠다. 결국 자녀는 혼자 냉장고를 열어 간식을 찾아 먹고 학원에 갔다. 엄마는 그 시간에 다른 중학교 앞에서 전도에만 열심이었다. 그러면서 어쩌다 만난 자녀에게 엄마는 학교 성적이 떨어졌다며 야단쳤다. 아이에게 엄마는 대학 진학 매니저일 뿐이다. 신앙과 삶이 분리된 이런 어머니를 보며 자녀가 신앙으로 자랄 수 있을까? 장담하기 어렵다.

혹시 이런 모습이 익숙한가? 우리 주변에서 흔히 찾아볼 수 있는 예다. 가까이는 내 모습일 수 있다. 부모 역할과 대학 진학 매니저, 과연 뭐가 더 어려울까? 부모의 역할이 더 중요하고 어렵다. 매니저는 부모의 역할에 비해 범위가 좁다. 부모의 역할은 총체적이다. 자녀의 건강, 학업, 취미, 성향 등 모든 것을 종합적으로 보며 챙겨야 한다. 무엇보다 중요한 것은 자녀의 신앙 교육과 훈련이다. 이것은 생각보다 쉽지 않다. 매일 가정예배를 통해 신앙을 훈련하는 것이 쉬운 일인가! 성경을 읽고 하나님과 그분의 구원 역사를 가르치는 것, 그것은 습관화되지 않으면 어렵다. 그리고 부모로서 성품과 인성에서 모범을 보여야 하는데, 그렇지 않은 경우 신앙과 현실의 괴리로 역효과가 발생할 수도 있다. 신앙 지식을 가르친다 해도 신앙 생활이 일치하지 않은 데서 오는 갈등이 있다.

이렇다 보니, 자녀의 신앙 교육을 주일학교에 맡겨 버리는 것이 당연한 상황이 되고 있다. 가정에서 신앙 교육을 포기한다. 학업은 학교와 학원에 맡긴다. 부모는 비용을 제공하는 역할만 한다. 예전에는 부흥회나 부흥 사경회에서 큰 은혜를 받고 몇 달 동안 신앙 생활을 이어 가는 형식이었다. 하지만 그런 식으로 은혜 받는 시대는 지나갔다. 비상한 시대에는 비상한 방법으로 은혜를 주셨지만, 지금은 정치, 경제, 사회적으로 비교적 안정된 시기다. 이제 정상적인 방법으로 신앙을 전수해야 하고 그런 방식으로 은혜를 주신다.

교제와 친밀감은 어떤가? 자녀들이 친구와만 친밀함을 누린다. 부모와 자녀와의 친밀한 관계는 불가능하다고 포기한 지 오래다. 중고등학생 나이의 자녀와 부모가 소통하고 대화한다는 얘기를 하면, 무슨 이방인처럼 쳐다본다. '자녀가 예쁘고 귀엽고 사랑스러운 것은 품 안에 있을 때다'라는 말이 있다. 자녀가 커 가면서 자기 주장이 생긴다. 자아가 형성되기 시작하면, 부모의 말에 순종하지 않는 시기가 찾아온다. 그런 아이를 그대로 두면 부모와 자녀의 건강한 관계로 나아가기 어렵다. 부모는 자녀를 매니저처럼 대하고, 자녀는 부모를 잔소리꾼 정도로 여긴다. 신뢰 있는 대화가 불가능하다. 가족 간의 대화는 없다. 각자 자기 방에 들어가 문 닫고 남처럼 지낸다.

부모는 자녀와 좋은 친구 같은 교제를 나눌 수 있어야 한다. 물론 친구가 주는 교제가 다른 측면이 있겠지만, 부모도 자녀와 친구 같은 교제를 나눌 수 있다. 그럴 때 신앙적 얘기도 기탄없이 나눌 수 있다. 아이들은 친구 때문에 학교 가고, 학원 가고, 교회 간다. 그러니 부모는 자녀와 친밀한 관계를 유지해야 한다.

부모의 역할은 어떤가! 친구 역할도 하지만, 더 중요한 것은 부모 역할을 다하는 것이다. 자녀와 허심탄회하게 장난치며 농담하며 놀 때가 있지만, 동시에 부모로서 분명한 지침을 주고 그것을 어길 때에는 훈계도 하는 존재여야 한다. 그렇지 않으면 자녀가 버릇없는 아이로 자랄 것이다. 아이의 미래 사회생활이 어려울 수 있다. 자녀의 인성과 성품은 가정에서 자연스레 훈련되어야 오래간다. '세 살 버릇 여든 간다'라는 말이 있다. 태도가 습관이 되고, 좋은 습관은 좋은 성품으로 성장한다. 부모가 자녀에게 줄 수 있는 가장 좋은 선물이다.

교사가 좋은 그리스도인이 되기 위해서는 가정에서 좋은 부모의 역할을 감당해야 한다. 좋은 교사가 되면 좋은 부모가 될 수 있는 것이 아니다. 그 반대다. 좋은 부모가 되어야 좋은 교사가 될 수 있다.

교회에서
—교사도 성장해야 한다

교사가 교회에서 좋은 그리스도인으로 살아가기 어려운 몇 가지 이유가 있다. 그중 하나가 교사는 가르치기만 하고 배울 기회가 없다는 것이다. 주일학교 교사가 되면 쉼 없이 봉사한다. 길게는 30년 이상 봉사하기도 한다. 그러다 보면 주일을 끼고 부모나 친지를 방문하기도 어렵다. 주일학교가 멈추는 일은 없기 때문이다. 그렇게 쉼 없이 주일학교 교사로 섬기면 배울 기회가 없다. 교사 세미나 혹은 교사 교육, 그리고 교육 부흥회 같은 것을 통해 부족분을 보충한다. 하지만 일회성 행사라 한계가 있다. 꾸준한 교육은 어렵다.

내가 섬기는 교회에서는 주일학교 교사를 부모가 돌아가면서 맡는다. 한 번 맡으면 2-3개월 교사로 섬긴다. 이렇게 주일학교를 운영하면 교사의 전문성이 떨어질 수 있다. 그러나 큰 장점이 있다. 부모만큼 좋은 교사가 없기 때문이다. 부모가 직접 가르칠 수 없기에 교사가 대신한 것이지, 가능하다면 자녀의 신앙 교육은 부모가 하는 것이 최고다. 부모는 사랑과 열정을 가지고 학생들을 가르친다. 본인 자녀가 있기에 대충 봉사할 수 없다. 교수법이 좀 부족하더라도 유익이 더 많다. 이렇게 하는 이유는 아주 단순하다. 한 사람이 교사를 계속하면 전문성은 늘어나겠지만, 좋은 그리스도인으로 성숙하고 발전할 기회가 줄어든다. 그 약점을 극복하기 위한 방법이 부모의 교사 봉사다. 우리 교회 주일학교 자녀의 모든 부모는 3개월의 교사 봉사를 마치고 쉰다. 그때 부모는 자기개발을 함으로써 배우고 교육받는 기회를 얻는다. 그러면서 성숙한 그리스도인으로 성장하고 발전할 수 있다.

교사가 교회에서 좋은 그리스도인으로 성장하기 어려운 점은 아이러니다. 물론 교사도 가르치면서 성경 지식을 많이 배울 수 있다. 하지만 가르치기 위해 배우는 것과 그리스도인으로서 배우는 것은 그 질에서 차이가 있다. 이것을 극복하기 위해 교회는 주일학교 교사의 신앙적 성장을 위해 교사 안식년 제도를 적극 도입할 필요가 있다. 몇 년 봉사한 후 1년 쉬도록 하는 제도다. 교사 스스로 쉬지 않으려 할 수 있겠지만, 제도적으로 만들어 시행한다면 좋은 성과를 거둘 수 있을 것이다.

대형 교회에는 주일에 예배가 1-4부까지 있다. 1부 예배는 주일학교 교사나 성가대를 비롯한 여러 봉사자를 위한 예배다. 그런데 주일학교 교사들이 이 예배에 참석하지 않는다. 안타깝게도 교사가 주일예배를 주일학교 예배로 대체하는 것이다. 주일 오전 예배에 아예 참석하지 않는 비율이 만만치 않다. 체크하는 사람이 없으니 어느 정도인지 확인할 길이 없지만, 교사의 신앙 성장에 심각한 결핍을 초래할 수 있다.

교사는 가르치는 자이지만, 동시에 배우고 성숙해 가야 할 존재임을 잊지 말아야 한다. 그리스도인은 늘 믿음 안에서 배우고 성장해야 한다. 좋은 그리스도인이 좋은 교사의 지름길임을 잊지 말자.

일터에서
—하나님께 영광은 맡은 일을 잘 감당하는 것

교회마다 총동원 전도 주일 같은 행사를 많이 한다. 그때마다 불신자를 교회로 인도해야 하는데, 직장 동료들이 주요 대상이다. 전도에 열심인 그리스도인은 자신의 직장을 전도의 도구 정도로 생각하곤 한다. 직업 자체를 하나님이 부르신 소명으로 생각하지 않는 것이다. 교회가 그렇게 가르친 면도 있다.

직업에 대한 그리스도인의 자세는 청지기 정신이어야 한다. 종교 개혁가들은 성(聖)과 속(俗)을 분리하지 않고 밀접하게 연결시켰다. 직장 일도 교회 일처럼 신령하고 소중하다고 믿었다. 그러므로 직장에서도 그리스도인로서 선한 열매를 맺는 데 애써야 한다.

그리스도인은 하나님 나라 백성이지만, 동시에 이 땅의 시민으로서 그 법을 따라야 한다. 이 둘이 서로 모순되는 것 같지만, 균형을 잘 맞추는 지혜가 필요하다. 그리스도인은 직장에서 일을 성실하게 할 뿐만 아니라, 정직하고 능력 있게 감당해야 한다. 믿지 않는 동료들로부터 "그리스도인은 확실히 달라"라는 말을 자연스럽게 들어야 한다. 믿지 않는 동료가 "당신이 가진 신앙이 궁금하네요. 저에게 얘기해 줄 수 있어요?"라는 말을 할 때 준비한 복음을 전할 수 있다. 그것이 그리스도인의 소금과 빛 된 모습이다.

어떤 그리스도인은 직장에서 자신의 종교를 밝히지 않는다고 한다. '그리스도인이라는 것이 드러나면 회사 생활이 불편해! 행동을 조심해야 하니 밝히지 않는 것이 좋아!'라고 생각하는 것이다. 이유가 있겠지만 그것은 그리스도인의 좋은 자세가 아니다. 심각하게 생각해 볼 일이다. 그리스도인은 일터에서 자신의 신앙을 숨길 이유가 없다. 혹 그것 때문에 불이익을 당할 수는 있겠지만, 그리스도인은 세상에서 당당하게 살아야 한다.

한 집사에게 들은 얘기다. 정부의 요직에 있는 분이었

다. 어떤 큰 사건이 터졌었다. 그때 자신이 그리스도인임이 알려졌다고 한다. 동료가 이렇게 말했다고 한다.

"당신, 교회 다녀? 나도 그런데!"

너는 또 그것을 네 손목에 매어 기호를 삼으며 네 미간에 붙여 표로 삼고 또 네 집 문설주와 바깥 문에 기록할지니라 (신 6:8-9)

하나님 말씀을 손목에 매는 것은 자기 자신을 위한 것이다. 손목에 달린 말씀을 잊지 않고 기억하기 위함이다. 미간의 표는 무엇을 위함일까? 이마에 붙은 말씀은 자신이 볼 수 없다. 그것은 다른 사람이 볼 수 있게 한 것이다. 성경 말씀을 이마에 붙였으니 상대가 그것을 보고 읽을 수 있다. 아울러 상대가 나의 종교를 확인할 수 있다. 내가 하나님의 사람이라는 것을 알 수 있다. 문설주와 바깥 문에 기록하는 것은 동네 사람에게 '우리 집은 하나님 믿습니다'라는 사실을 공표하라는 의미다.

그리스도인이 세상에서 그리스도인답게 사는 것, 그것은 직장에서 자기가 맡은 일을 잘 감당하는 것이다. 그것이 직장에서의 일차적 목적이 되어야 한다. 직장에서 정직하지 않고, 게으름 부리고, 요령을 피우고, 회사를 위해 열심히 일하지 않는 그리스도인이 교회 총동원 전도 주일에 이웃을 초청하는 행위가 과연 아름다워 보일까? 그렇지 않다. 믿지 않는 직원들이 전도에 열심인 상사 때문에 힘들어한다는 이야기를 들었다. 회사 일을 열심히 하지 않을 뿐만 아니라, 윤리적이지도 않고, 법도 잘 지키지 않으면서 교회와 하나님의 이름을 들먹인다는 것이다. 과연 그가 하나님을 영광스럽게 한다고 말할 수 있을까?

혹시 일에 능력이 모자란다면 겸손해야 하지 않겠는가. 겸손하기는커녕 늘 가르치려 들고 교만한 모습을 보이는 그리스도인 직장인이라면 좋아할 동료가 없다. 그리스도인 직장인의 바른 자세를 성경 말씀에서 찾을 수 있다.

> 너희 마음에 그리스도를 주로 삼아 거룩하게 하고 너희 속에 있는 소망에 관한 이유를 묻는 자에게는 대답할 것을 항상 준비하되 온유와 두려움으로 하고 (벧전 3:15)

그리스도인이 직장에서 거룩한 모습을 보일 때, 다시 말하면 불신자와 구별된 모습을 보일 때, 그들이 그리스도인에게 물어 올 것이다. "당신을 이렇게 살게 하는 원동력은 무엇인가요?"라고 말이다. 그럴 때 자신이 믿고 의지하는 하나님에 대해 설명하면 복음을 전할 수 있다.

그러면서도 "온유와 두려움으로" 증언해야 한다. 불신자에게 "그것도 모르냐?"며 가르치려 들지 말아야 한다. 온유한 마음으로 그들에게 접근해야 한다. '나도 지옥 갈 죄인인데, 하나님의 은혜로 이렇게 하나님의 백성이 된 것이다'라고 여기는 온유한 마음이 필요하다. 그리고 '나도 하나님을 배신할 때 지옥 형벌을 면하지 못할 것이다'라는 자세로 하나님의 심판에 대해 두려워하는 자세를 가져야 한다.

이렇게 직장에서도 그리스도인으로서 정체성을 분명히 할 때 좋은 그리스도인으로 자라 갈 것이다. 직장 생활 따로, 가정 생활 따로, 교회 생활 따로, 교사로서의 생활이 따로 돌아간다면 그것은 좋은 그리스도인의 삶이라고 할 수 없다. 좋은 교사는 좋은 직장인이어야 한다.

토론을 위한 질문

[1] 이번 장을 읽고 가장 마음에 남은 부분이나 도전이 된 내용을 말해 봅시다. 특히 '좋은 교사가 되는 길은 좋은 신자가 되는 것'이라는 말에서 무엇을 느꼈는지, 현재 자신의 삶과 사역에서 가장 크게 다가온 부분을 나누어 보세요.

[2] 가정은 교사로서의 삶의 출발점입니다. 가정에서 좋은 부모(혹은 자녀, 배우자)로서 살아가기 위해 무엇을 실천하고 있나요? 예를 들어, 가정예배 실천, 자녀 혹은 부모와의 대화, 배우자와의 기도 등 구체적인 예를 나누고 앞으로 더 실천하고 싶은 목표도 함께 이야기해 보세요.

[3] 부모로서 교회 봉사에만 집중하고 가정에서 자녀 신앙 교육을 소홀히 하면 안 됩니다. 이 부분에서 균형을 어떻게 잡고 있나요? 자신의 현재 상황을 점검하고, 혹시 균형이 무너진 부분이 있다면 어떻게 회복할 수 있을지 함께 나누어 봅시다.

[4] 교회에서 좋은 교사가 되기 위해서는 가르침과 배움의 균형이 필요합니다. 최근에 하나님 말씀 안에서 배움과 성숙을 위해 어떤 노력을 하고 있나요? 예를 들어, 개인 성경 공부, 교사 교육 참여, 제자 훈련,

독서 등 자신의 영적 성장을 위한 구체적인 활동을 나누어 보세요.

[5] 일터에서도 좋은 그리스도인으로 살아가는 것이 중요합니다. 직장(또는 학교)에서 그리스도인으로서 어떻게 소금과 빛의 역할을 감당하고 있나요? 구체적인 사례(정직, 성실, 배려, 복음 전파의 기회 창출 등)를 나누고, 앞으로 더 성실하게 실천하고 싶은 부분을 이야기해 보세요.

[6] 직장에서 신앙을 숨기고 있습니까? 그런 태도는 좋지 않습니다. 온유와 두려움으로 복음을 전해야 합니다. 직장이나 사회에서 자신의 신앙을 어떻게 드러내고 있나요? 신앙을 밝히는 데 두려움이 있었다면, 그 이유와 극복을 위한 기도제목도 함께 나누어 보세요.

[7] 마지막으로, 가정, 교회, 일터에서 좋은 그리스도인으로 살아가는 것이 좋은 교사의 기본이라고 했습니다. 앞으로 어떤 작은 부분부터 실천하고 싶나요? (예: 가정예배 회복, 부모님과 대화 시간 갖기, 직장 동료에게 칭찬하기, 주일 오전예배 철저히 참석하기, 매일 성경 1장 읽기 등.)

PART 6

나는 주님의 교사입니다

나는 앞서 "교사입니까?"라고 질문했다. 주일학교 교사로 오래 섬겼든지 혹은 이제 교사로 지원하려고 하든지 그 질문에 '예, 교사입니다'라고 말하기가 부담스러웠다. 우선 성경이 "선생된 우리가 더 큰 심판을 받을 줄 알고 선생이 많이 되지 말라"(약 3:1)라고 말하고 있기 때문이다. 그리고 오늘날 주일학교가 처한 현실이 만만치 않다. 예전처럼 주일학교가 부흥하는 상황도 아니다. 그런데도 예수님은 우리에게 선생 될 때가 있음을 인정하셨다. 그리고 우리는 선생의 자리에서 봉사하고 있다. 우리는 교사다. 비록 부족한 점이 많이 있더라도 하나님으로부터 부름을 받은 교사다. 이제 교사의 모습을 갖추기 위해 어떻게 성장해 가야 할지를 살펴보자.

먼저 제자된 자

야고보의 "선생이 많이 되지 말라"는 말은 그만큼 선생으로서 역할이 막중하며, 책임이 따르는 사역인지를 알게 한다. 예수님도 "너희는 랍비라 칭함을 받지 말라 너희 선생은 하나요 너희는 다 형제니라"(마 23:8)고 말씀하셨다. 다시 말하면, 주일학교 교사는 '선생 됨' 이전에 예수 그리스도의

'제자 됨'을 잊지 말아야 한다. 유일한 선생은 예수 그리스도 뿐이시다. 그리스도인은 모두 그분의 제자일 뿐이다. 주일학교에서 가르치는 교사나, 배우는 학생 모두 그리스도 아래서 배우는 제자다.

그래서 예수님은 유언 같은 말씀을 제자들에게 들려주셨다.

> 그러므로 너희는 가서 모든 민족을 제자로 삼아 아버지와 아들과 성령의 이름으로 세례를 베풀고 내가 너희에게 분부한 모든 것을 가르쳐 지키게 하라 볼지어다 내가 세상 끝날까지 너희와 항상 함께 있으리라 하시니라 (마 28:19-20)

이 성경 구절을 '대위임령'(大委任令, The Great Commission) 혹은 '지상명령'(至上命令)이라 부른다. 많은 사람이 이 성경 구절을 전도와 선교 명령으로 해석한다. 하지만 본래는 그보다 훨씬 근본적이고 교회적 명령이라는 것을 알 수 있다. 이 구절은 예수님이 당신의 제자, 곧 사도들에게 한 명령이다. 사도들은 예수님의 이 명령을 듣고 교회의 터를 놓았다. 이 명령의 핵심 내용은 '제자도'(Discipleship)다.

'가라'(πορευθέντες, Going), '세례 주라'(βαπτίζοντες, Baptizing), '가르쳐 지키게 하라'(διδάσκοντες, Teaching to obey)는 명령형이 아니라, 모두 분사구문이다. 유일한 명령형 동사는 '제자 삼으라'(μαθητεύσατε, Make disciples)다. 그러니 '제자도'가 핵심 명령임을 확인할 수 있다. 교회는 신자를 예수님의 제자로 만드는 일을 해야 한다. 그리스도인은 예수님의 제자가 되어야 한다. 사람의 제자가 되면 안 된다는 말이기도 하다.

제자 삼는 방법은 다음과 같다. 첫째, 모든 민족에게로 간다(Going to all nations). 둘째, 복음을 전하고 교육해 삼위일체 하나님의 이름으로 세례를 베푼다(Baptizing them in the name of the Father and of the Son and of the Holy Spirit). 셋째, 그리스도께서 명령한 모든 것을 가르쳐 지키게 한다(Teaching them to obey everything Jesus has commanded them). 이 모든 것이 총체적으로 이루어질 때 온전한 제자가 된다. 그래서 모든 그리스도인은 먼저 스스로 예수님의 제자가 되어야 한다. 주일학교 교사도 먼저 예수 그리스도의 제자 되는 데 온 정성을 쏟아야 한다.

그러면, 제자란 어떤 사람인가? 제자의 특징은 무엇일까? 제자는 영어로 '디사이플'(Disciple)인데, 같은 뜻의 라틴어 '디스키풀루스'(Discipulus)에서 파생된 말이다. 이는 곧 '배우다'라는 뜻의 라틴어 '디스커러'(Discere)에서 온 단어다. 그러니 제자란 배우는 자, 곧 학생(學生)이다. 사실 '선생'(先生)이라는 말도 '가르치는 자'라는 뜻의 '교사'(敎士)와 달리, 먼저 선(先)을 써서 '먼저 태어난 자'라는 뜻이다. 모든 사람은 배우는 학생인데, 먼저 세상에 태어나 먼저 배운 자(선생)로서 '뒤에 태어난 자'(後生, 후생)를 가르치는 역할을 할 뿐이다. 편의상 가르치는 자리에 있는 자를 '선생'이라 부르고, 배우는 자리에 있는 자를 '학생'이라 부를 뿐이다.

주일학교 교사는 먼저 그리스도의 제자, 곧 그리스도에게서 배우는 학생임을 잊지 말아야 한다. 교사는 그리스도의 제자로서 배우고 실천하는 사람이어야 한다. 이런 배움과 훈련 없이는 참 교사로서의 모습을 기대하기 어렵다.

이제 우리는 교사가 배우는 학생이라는 사실을 인정한다. 이 사실은 자존심 상하게 하지 않는다. 오히려 그것은 교사를 더욱 든든히 세운다. 우리 구주 예수 그리스도의 제자로서 배우는 학생이기 때문이다. 이렇게 훌륭한 학생, 곧 제자가 된다면, 교사로서 충분한 자격을 갖춘 사람으로 거듭나게 될 것이다. 교사는 완전하게 준비된 사람만 할 수 있는 봉사직이 아니다. 오히려 자신이 부족한 자임을 깨닫는 사람이 섬기는 직임이다. 그리스도의 제자, 곧 학생임을 고백하는 사람이 선생, 곧 교사로서의 자격이 있다. 그렇지 않으면, 가르치는 사람이 빠지기 쉬운 죄로 인해 하나님의 징벌을 면하기 어려울 것이다.

자라는 교사

교사가 성장하고 성숙하는 방법은 무엇일까? 특별한 비법이 있을까? 교회는 교사의 성장을 위하여 여러 프로그램을 만들어 제공한다. 교사 대학을 운영하기도 한다. 교사에게 도움이 될 것이다. 교회는 교사의 영적 성장을 위해 투자해야 한다. 미래 세대를 책임질 교사에게 투자할 때 교회가 희망이 있다.

그 외에도 일상에서 교사 스스로 믿음이 성장하는 방법 몇 가지를 정리해 본다. 먼저 교사는 예배를 통해 성장할 수 있다. 특별히 예배 가운데, 말씀과 성찬, 그리고 기도를 통해 교사는 무한 성장을 이룰 수 있다. 말씀과 성례, 기도는 전통적으로 하나님이 신자에게 은혜를 주시는 방법이기도 하다. 웨스트민스터 소요리문답 88문을 보면 이렇게 우리에게 가르친다.

"그리스도께서 우리에게 구속의 은덕을 끼치는 데 쓰시는 통상적인 방도는 그분이 정하신 것인데, 특히 말씀과 성례와 기도입니다. 이 모든 것이 택함 받은 사람들에게 구원을 위하여 효력 있게 됩니다."

| 예배: 교사는 예배자다 |

교사는 기본적으로 예배자다. 예배는 그리스도인의 기본이다. 예배를 잘 드리지 않는 교사는 있을 수 없다. 이것을 모르는 교사는 없을 것이다. 하지만 교사로 봉사하다 보면 어느 순간 여러 가지 이유로 예배를 소홀히 하는 경우가 종종 발생한다. 주일 아침 일찍 7시 30분이나 8시에 시작하는 사역자 예배에 참석하는 것은 상당한 열심과 열정이 필요하다. 주일학교 봉사 준비가 되어 있지 않으면, 1부 예배에 참석하지 않고 준비한다고 정신이 없다. 예배당에 앉아 있어도 마음은 콩밭에 가 있는 경우도 있다.

교사가 주일 예배에 소홀히 하게 되는 요인으로는 예배에 대한 개념의 혼돈에서 비롯되는 측면도 있다. 기본적으로 교사들은 주일학교 예배도 예배라고 생각한다. 그러니

굳이 주일 오전 공적 예배(보통 1부 예배)에 참석하지 않아도 된다고 생각한다. 교사는 두 번이나 예배에 참석하는 것이니 과한 것이라고 생각할 수 있다.

하지만 어린이를 위한 주일학교 예배는 교사를 위한 것이라 보기 어렵다. 어린이를 위한 예배이며, 교육이고 훈련이다. 대체로 교회 담임 목사는 사역자와 봉사자인 교사가 기본적으로 공예배에 참석할 것을 독려한다. 교사 봉사자는 공예배를 드린 후 주일학교 봉사를 하기 원한다. 심지어 주일학교 학생들, 곧 "모든 세대는 주일 공예배에 함께 참여하여 예배드림을 원칙으로 한다"(헌법 예배 제42조 주일학교의 예배 1)고 본다. 단, "교회 형편에 따라 주일학교 부서별로 따로 예배드리게 되었을 경우 그 예배들은 당회의 지도하에 드려져야 한다"라고 예외 규정을 둔다. 주일학교가 부흥하면서 어른과 함께 예배하는 것이 공간적으로 불가능한 상황도 있었다. 어쩔 수 없이 어린이만 모여 따로 예배하는 상황이 전개된 것이다.

교사는 주일학교 예배에서 아이들을 챙기고, 예배 훈련에 집중해야 하기 때문에 스스로 예배에 집중하기 어렵다. 그렇기에 교사는 주일학교 예배에 함께한 것으로 예배에 참석했다고 생각해서는 안 된다. 예수님은 이렇게 말씀하셨다.

> 아버지께 참되게 예배하는 자들은 영과 진리로 예배할 때가 오나니 곧 이때라 아버지께서는 자기에게 이렇게 예배하는 자들을 찾으시느니라 (요 4:23)

교사는 가르치는 자 이전에 하나님 앞에서 예배자임을 잊지 말아야 한다. 교사가 예배를 소홀히 하지 말아야 할 이유를 몇 가지 생각해 보자.

첫째, 예배는 신앙인의 정체성을 형성하는 중심이다. 예배는 하나님의 백성으로서의 정체성을 확인하고 강화하는 시간이다. 교사는 먼저 한 명의 신자로서 하나님께 예배하는 존재이며, 예배를 통해 하나님을 만나고 말씀을 듣고 은혜를 경험해야 한다. 예배 없는 교사는 사명을 감당하는 데에 있어서 영적 토대가 흔들리기 쉽다. 교사가 예배를 소홀히 하면, '가르치는 자'로서의 권위 이전에 '예배하는 자'로서의 본질을 잃어버리게 된다.

둘째, 예배는 교사가 사역을 지속할 수 있도록 영적 자원을 공급하는 통로다. 주일학교 교사는 매주 어린 영혼을 맡아 복음을 가르치는 소명을 받는다. 이 사역은 단순한 지식 전달이 아니라, 말씀의 능력으로 아이들의 심령에 영향을 주는 영적 행위다. 그런데 교사 자신이 하나님 앞에 나아가지 않고 주일예배에서 멀어진다면, 사역은 금세 메마르고 힘을 잃게 된다. 예배는 교사의 사역에 필요한 은혜와 지혜, 인내와 기쁨을 공급해 주는 영적 생명의 근원이다.

셋째, 예배를 소홀히 하는 교사는 아이들에게 신앙적 본을 보이지 못한다. 아이들은 말보다 삶을 통해 배운다. 주일학교 교사가 예배를 중요하게 여기지 않거나 예배 시간에 자주 빠지는 모습을 보인다면, 아이들은 자연스럽게 '예배는 선택 사항'이라는 잘못된 메시지를 받게 된다. 반대로 교사가 매주 예배에 기쁨으로 참여하고, 말씀과 찬양 가운데 진지하게 임하는 모습을 보인다면, 그 자체가 가장 강력한 신앙 교육이 된다.

넷째, 예배는 공동체의 중심이며, 교사는 그 공동체 안에 있어야 한다. 주일예배는 교회 공동체가 함께 하나님을 경배하고 말씀을 듣는 자리다. 주일학교 교사는 단지 교육부서의 일원이 아니라, 교회 공동체 전체의 일원이다. 공동체의 중심에 참여하지 않으면서 그 일부분만 담당하는 것은 올바른 교회론에 어긋난다. 교회가 함께 예배드릴 때 교사는 교회 전체의 흐름과 비전 안에서 사역의 방향을 새롭게 확인할 수 있다.

다섯째, 예배는 하나님의 명령이며, 교사도 그 앞에 순종하는 자여야 한다. 히브리서 10장 25절은 "모이기를 폐하는 어떤 사람들의 습관과 같이 하지 말고 오직 권하여 그 날이 가까움을 볼수록 더욱 그리하자"고 명령한다. 예배는 선택이 아니라 하나님의 명령이다. 교사는 다른 사람에게 말씀을 가르치는 위치에 있기 때문에, 더욱 하나님 말씀에 순종하는 모범을 보여야 한다. 순종하지 않는 교사는 아이들에게 참된 섬김의 삶을 가르칠 자격을 잃는다.

결론적으로, 예배는 교사의 사역을 지탱하는 영적 중심이며, 그 자체가 교사로서의 자격과 영향력을 결정짓는 가장 중요한 기초다. 주일학교 교사는 누구보다도 예배를 사모하고, 그 자리에서 먼저 하나님과의 관계를 바르게 해야 한다. 그래야만 진정한 복음의 교사로 설 수 있다.

| 말씀: 교사는 말씀 앞에 선 자다 |

주일학교 교사가 성장하기 위해 반드시 붙들어야 할 것이 있다면 그것은 하나님의 말씀이다. 성경 말씀은 교사의 사역을 지탱하는 뿌리이자 인격을 다듬는 정금과 같으며, 가르침의 기준이자 능력의 근원이다. 말씀 없이 자라나는 교사는 있을 수 없다. 성경은 이렇게 말한다.

하나님의 말씀은 살아 있고 활력이 있어 좌우에 날선 어떤 검보다도 예리하여…또 마음의 생각과 뜻을 판단하나니 (히 4:12)

이 말씀은 교사에게 곧장 들려져야 할 경고자 위로다. 말씀 앞에 설 때 교사는 가르치는 자이기 이전에 하나님 앞에 선 한 사람으로서 자신을 돌아보게 된다. 교사의 성장은 지식의 축적이 아니라 말씀에 비추어 자신을 갈고닦는 변화의 여정이다. 말씀은 교사의 교만을 꺾고 사명의 길에서 지치지 않도록 돕는 능력이다. 교사는 말씀으로부터 시작하여 말씀 안에서 자라나야 한다.

또한 성경은 이렇게 말한다.

주의 말씀은 내 발에 등이요 내 길에 빛이니이다 (시 119:105)

말씀이 없으면 교사의 사역은 어두운 밤길을 걷는 것과 같다. 어느 방향으로 가야 할지, 어떤 말을 해야 할지, 어떤 반응을 보여야 할지 막막할 때, 말씀은 등불이 되어 앞을 비추고 중심을 잃지 않도록 해 준다. 교사는 자신의 생각이나 감정이 아니라 말씀에 의지하여 사역하는 사람이어야 한다. 무엇보다 교사는 말씀을 가르치는 사람이다. 그런데 말씀을 가르치면서도 자신은 말씀을 가까이하지 않는다면 그것만큼 위험한 일도 없다.

모든 성경은 하나님의 감동으로 된 것으로 교훈과 책망과 바르게 함과 의로 교육하기에 유익하니 (딤후 3:16)

성경은 교사가 세워지고 성장하며 가르칠 능력을 갖추는 유일한 길이다. 말씀을 가르치는 자는 먼저 말씀을 듣는 자, 말씀에 순종하는 자, 말씀으로 살아가는 자여야 한다. 그러므로 주일학교 교사는 말씀에 대해 다음과 같은 생각과 태도를 가져야 한다.

첫째, 매일 말씀을 묵상하며 먼저 자기 삶에 말씀을 적용해야 한다.

둘째, 말씀을 깊이 공부하고 훈련을 받으며 성경적 사고로 사역을 바라보는 눈을 길러야 한다.

셋째, 가르치기 전에 먼저 하나님 앞에 듣는 자가 되어야 한다. 모든 가르침과 활동이 말씀에 기초하도록 방향을 잡아야 한다.

넷째, 말씀은 교사의 내면을 세우고 사역을 인도하며 학생들에게 전할 복음의 생명력 그 자체다.

다섯째, 주일학교 교사의 성장 여정은 곧 말씀과 동행하는 길이다. 그 길을 걸을 때 하나님은 반드시 교사를 통해 열매를 맺게 하신다.

여섯째, 말씀이 교사의 가슴을 다시 뜨겁게 하고 입술에 권위를 부여하며 아이들의 마음에 생명을 심는 통로가 된다.

이렇게 교사는 개인적으로 성경을 매일 읽으며 자신의 영적 성장을 이루어 내야 한다. 동시에 교사는 하나님의 말씀의 봉사자인 담임목사의 설교를 통해 은혜를 받아야 한다. 주일학교 교사는 단순한 봉사자가 아니라 교회의 사명을 함께 감당하는 동역자다. 그 사명의 중심에는 하나님의 말씀을 듣고 깨닫고 순종하는 삶이 놓여 있다. 그러므로 교사는 무엇보다 자신이 속한 교회의 담임목사가 전하는 말씀을 소중히 여기고 깊이 경청하며 그 안에서 은혜를 받아야 한다.

첫째, 담임목사의 설교는 교회를 향한 하나님의 현재적 메시지다. 하나님은 각 지역 교회마다 그 공동체에 필요한 말씀을 주신다. 그리고 그 통로로 세우신 이가 바로 담임목사다. 주일 강단에서 선포되는 말씀은 단지 정보나 지식의 전달이 아니라, 교회를 살리고 이끌기 위한 하나님의 살아 있는 음성이다. 교사가 그 말씀을 가볍게 여기거나 무심히 듣는다면 자신에게 수어신 은혜의 문을 스스로 닫아 버리는 셈이다.

둘째, 말씀을 귀하게 여길 때 은혜의 문이 열린다. 성경은 분명히 말한다.

그러므로 믿음은 들음에서 나며 들음은 그리스도의 말씀으로 말미암았느니라 (롬 10:17)

은혜는 하나님의 말씀이 귀에 들리고 마음에 새겨질 때 임한다. 주일학교 교사가 말씀을 진지하게 듣고 그 말씀 앞에 마음을 열 때 성령님은 그 심령 안에 역사하신다. 말씀이 들리는 자에게 은혜가 임하고, 은혜가 임한 자만이 남을 가르칠 수 있는 자격을 갖게 된다.

셋째, 교사는 말씀을 듣는 데서 멈추지 않고 삶에 적용해야 한다.

> 너희는 말씀을 행하는 자가 되고 듣기만 하여 자신을 속이는 자가 되지 말라 (약 1:22)

교사의 사명은 단지 말씀을 배우는 것이 아니라, 그 말씀대로 살아가는 것이다. 담임목사의 설교를 통해 받은 말씀을 자신의 일상에 적용하려고 애쓸 때, 교사는 말씀의 열매를 경험하게 된다. 그리고 그 열매가 아이들에게로 흘러간다. 말씀을 실천하는 교사의 삶은 가장 강력한 교육의 도구다.

넷째, 말씀을 존중하는 자세는 교회의 질서를 세우는 태도다. 하나님은 교회 안에 질서를 세우시고 말씀을 맡은 자에게 권위를 주신다. 교사가 담임목사의 설교를 가볍게 여기거나 스스로 판단하여 수용 여부를 결정하려 한다면, 이는 단지 불순종일 뿐 아니라 교회 질서를 흔드는 태도다. 반대로, 목회자의 말씀을 경외함으로 받고, 그 말씀을 하나님의 음성으로 여기며 삶에 새기려는 자세는 하나님을 경외하는 태도이며, 교회 공동체를 든든히 세우는 복된 순종이다.

결론적으로, 주일학교 교사는 먼저 말씀의 청중이어야 한다. 담임목사의 설교를 하나님의 음성으로 듣고 마음 깊이 받아들이며 그 말씀을 삶에 적용하려는 태도는 교사의 영적 성장을 이끄는 원동력이다. 은혜는 말씀을 통해 임하며, 말씀은 경청하는 자에게 열리고, 실천하는 자 안에서 살아 역사한다. 담임목사의 설교를 귀히 여기고 마음으로 받으라. 그것이 곧 하나님의 은혜를 받는 길이며, 교사로서의 사명을 견고히 세우는 첫걸음이다.

교사가 왜 성경과 설교를 통해 은혜를 받아야 하는지에 대해 웨스트민스터 소요리문답으로 정리해 보자.

89문 | 말씀이 어떻게 구원을 위해 효과적으로 사용됩니까?
답 | 하나님의 성령께서는 말씀을 읽는 것, 특별히 말씀을 설교하는

것을 효과적인 수단으로 사용하셔서 죄인을 깨닫게 하시고 회개하게 하시며, 구원에 이르는 믿음으로 죄인들을 거룩함과 위로로 세우셔서, 말씀이 구원을 위해 효과적으로 사용되게 하십니다.

교사는 매일 성경을 읽어야 한다. 성경은 하나님의 말씀이다. 성경에는 구원에 이르는 지혜가 있다. 성경을 알고 믿는 교사가 참 선생이다. 교사는 매 주일 예배에 참석해 설교를 잘 들어야 한다. 하나님은 설교자의 입에서 선포되는 설교를 통해 구원에 이르는 믿음을 주시고 죄인을 거룩함에 이르게 한다.

이어서 소요리문답 90문은 이렇게 말한다.

90문 | 말씀을 어떻게 읽고 들어야 말씀이 우리가 구원받는 데 효과적으로 사용됩니까?

답 | 말씀이 우리가 구원받는 데 효과적으로 사용되려면 우리는 부지런한 태도와 준비된 마음과 기도로 말씀을 읽고 듣는 일에 주의를 기울여야 하며, 말씀을 믿음과 사랑으로 받아들이고, 말씀을 마음에 두며, 삶 속에서 말씀을 실천해야 한다.

성경을 부지런히 읽되 계획을 가지고 준비된 마음으로 읽어야 한다. 기도하는 마음으로 성경을 읽어야 한다. 그리고 성경과 설교를 믿음과 사랑으로 받고 마음에 두어, 그것을 삶 속에서 실천해야 한다.

| 체험: 교사는 은혜 안에 거하는 자다 |

교사는 무엇보다도 하나님을 경험하며 그분의 은혜를 체험해야 한다. 그렇지 않고는 교사의 직임을 지속적으로 감당하기가 어렵다. 우리는 어떻게 하나님을 체험할 수 있을까? 어떻게 하나님의 은혜를 경험할 수 있을까? 하나님은 인간 눈에 보이지 않으신다. 하나님을 체험할 수 있는 방법이 무엇일까? 신비로운 황홀경을 경험해야 한다는 뜻일까? 기적과 이적을 체험해야 한다는 뜻일까?

예수님은 하나님과 그분의 은혜를 체험할 수 있는 방법을 주셨다. 그것은 바로 성례다. 종교 개혁자들은 성찬을 미신으로 전락시킨 로마 가톨릭교회의 교리를 단호히 거절했다. 대신 성경적 바른 교리를 정립하고 회복했다. 성례에는 성찬과 세례가 있다. 교사가 특별히 은혜를 받기 위해 애써야 할 것은 성찬에 잘 참여하는 것이다. 성찬은 그리스도의 희생을 기억하는 예식이다. 성찬은 단지 상징이 아니라, 실제 그리스도의 은혜가 전달되는 수단이다. 교사는 성찬 자체가 아니라, 성령을 통해 믿음으로 은혜를 받을 수 있다. 그러므로 성만찬에 적극 참여함으로 은혜를 경험하고 체험할 수 있어야 한다. 교사가 성만찬에 참여함으로 그리스도를 영적으로 경험하고 그분의 구원 사역을 체험할 수 있다.

이것을 통해 우리는 은혜를 받고 믿음이 성장할 수 있다. 우리가 믿음과 신앙을 경험하는 방법이 성례다. 믿음은 눈에 보이지 않지만, 성례는 눈에 보이고, 느끼고, 체험할 수 있다. 그래서 성례를 적극 활용하면 신앙에 큰 유익을 얻는다.

첫째, 주일학교 교사가 하나님의 은혜를 받으며 성장하기 원한다면, 하나님이 정하신 방편(Ways) 안에 머물러야 한다. 그 가운데 하나가 바로 성례(Sacraments)다. 성례(聖禮)는 '사크라멘툼'(라 Sacramentum, 영 Sacrament)이다. 사크라멘툼은 '약속' 혹은 '맹세'라는 뜻이다. 라틴어 성경에는 "그 뜻의 비밀을 우리에게 알리신 것이요"(엡 1:9)라는 표현에서 '비밀'(Mysterion)을 '사크라멘툼'으로 번역했다. 이 비밀이란 '신령한 복'(엡 1:3), 즉 '그리스도와 그분의 속량'(엡 1:7), 즉 옛 언약, '하나님의 약속과 맹세'을 의미한다. 새 언약의 시대에 언약, 곧 비밀(사크라멘툼)을 경험하도록 주신 것이 성례인 것이다. 로마 시대에는 이 단어가 군대 신병수료식에서 사용되었다. 신병수료식에서 사령관이 '약속'을 하고, 훈련받은 신병은 충성을 '맹세'한다. 이것을 '사크라멘툼'이라 불렀다. 그러니 교회의 성례에서 하나님의 약속과 성도의 맹세를 경험한다. 성례는 하나님의 약속을 믿음으로 받는데, 그것을 직접 경험하고 체험하는 시간이다. 하나님의 은혜를 체험하는 도구가 성례다.

둘째, 성례는 말씀과 함께 은혜를 전달하는 '보이는 말씀'이다. 성례는 단순한 의식이 아니다. 하나님이 그리스도의 복을 성령을 통해 실제로 전달하시는 은혜의 수단이다. 소요리문답 91문은 다음과 같이 분명히 말한다.

"성례가 구원의 효과적인 수단이 되는 것은 성례 자체나 성례를 집행하는 사람에게 무슨 덕이 있어서가 아니라, 다만 그리스도께서 복을 주시고, 하나님의 성령께서 성례를 믿음으로 받는 사람 안에서 일하시기 때문이다."

즉, 성례는 단지 상징적인 행위가 아니라 성령께서 역사하셔서 실제로 믿는 자 안에 은혜를 부으시는 수단이다. 이 점에서 성례는 단순한 전통이 아니라 신자의 영혼을 살리는 통로이며, 교사에게도 마찬가지로 중요한 은혜의 시간이다.

셋째, 주일학교 교사는 성례에 바르게 참여함으로써 자신을 영적으로 세워야 한다. 주일학교 교사는 가르치는 자이기 이전에 한 사람의 신자이며, 은혜를 받아야 할 수혜자다. 따라서 교사는 성례에 깊은 경외심과 믿음을 가지고 참여해야 한다. 성례를 통해 자신의 죄를 기억하고 그리스도의 은혜를 새롭게 체험해야 한다. 성령의 도우심을 구함으로써 영적 정결과 사명의 힘을 얻어야 한다. 교사가 성례에 무관심하거나 형식적으로 참여한다면 자신이 전해야 할 복음의 생명력을 스스로 차단하게 된다. 반대로 성례를 통해 하나님 앞에서 자기를 낮추고 은혜를 간구하는 교사는 성령의 능력으로 교사 사명을 감당할 힘을 공급받게 된다.

넷째, 교사는 성례를 교육의 내용이자 목적의 방향으로 삼아야 한다. 주일학교 아이들이 자라서 믿음으로 세례를 받고 주일예배 가운데 성찬에 참여할 수 있도록 인도하는 것은 교사의 중요한 목표 가운데 하나다. 이를 위해 교사 자신이 성례의 의미를 깊이 알고 그 삶에서 성례의 신비와 은혜를 누리고 있어야 한다. 아이들에게 세례와 성찬이 단지 교회 예식이 아니라 그리스도와의 인격적 교제의 표지요 확증이라는 사실을 가르치기 위해서는 교사 스스로 그 감격을 알고 경험해야 한다.

결론적으로, 주일학교 교사는 하나님이 정하신 은혜의 방편들 안에 거해야 하며, 그중에서도 성례는 교사의 영적 성장과 사역에 있어 결코 부차적인 것이 아니다. 교사가 은혜를 받고 복음을 살아 내는 중심 통로다. 교사는 성례의 신비를 믿음으로 받아들이고, 그 안에서 역사하시는 성령님을 의지함으로써 자신의 사역에 생명력과 깊이를 더하게 된다. 성례는 교사의 삶 속에 있어야 할 은혜의 자리이며, 교회 교육의 방향을 이끄는 깊은 신학적 나침반이다.

물론, 혹시라도 성례를 미신적으로 사용하면 오히려 해가 된다. 로마 가톨릭교회가 성례를 오용함으로 믿음에서 큰 손해를 보았다. 성례가 구원의 효과적인 수단이 되는 것은 성례 자체나 그것을 행하는 목사 덕택이 아니라, 오직 예수 그리스도와 성령의 일하심으로 되는 것임을 잊지 말아야 한다.

| 기도: 교사에게 기도는 심장이다 |

주일학교 교사는 일반학교 교사와 역할은 비슷하지만, 근본적으로 다르다. 주일학교 교사의 사역은 영적인 것이라는 점이다. 그러므로 교사는 하나님께 보고하고 의논하고 간구할 필요가 있다. 기도는 단순히 우리의 소원을 나열하는 것이 아니라 하나님과의 대화다. 교사는 하나님 앞에서 제자이고 학생이다. 그러므로 하나님의 지혜를 얻기 위해 기도해야 한다. 하나님에게 상담해야 할 것도 있다. 하나님과 논의할 것도 있다. 기도가 그런 일을 가능케 한다.

웨스트민스터 소요리문답 98문답은 기도를 이렇게 정의한다.

"기도는 우리의 소원을 하나님께 아뢰되, 하나님의 뜻에 합당하게, 그리스도의 이름으로 아뢰는 것으로, 우리의 죄를 고백하고 하나님의 자비하심에 감사하면서 하는 것입니다."

기도는 단순한 종교적 행위나 사역의 준비물이 아니다. 기도는 하나님의 사람에게 주어진 은혜의 통로요, 신자의 영혼이 하나님과 교통하는 거룩한 호흡이다. 주일학교 교사에게 기도는 단지 개인의 경건을 위한 수단이 아니라, 사역 자체를 하나님께 아뢰는 경건의 중심이다.

첫째, 기도는 하나님께 소원을 아뢰는 교사의 특권이다. 교사는 학생들을 가르치는 사람이지만, 동시에 많은 염려와 책임을 품은 자다. 학생의 신앙, 수업의 준비, 교사 자신의 연약함까지도 모두 하나님 앞에 아뢰어야 한다. 기도는 교사가 자신의 한계를 넘어서 하나님의 전능하심을 의지하는 자리이며, 하나님께 마음을 토로하며 교사로서의 길을 밝히 비추어 달라고 간구하는 시간이다.

둘째, 기도는 하나님의 뜻에 합당하게 아뢰는 순종의 훈련이다. 기도는 나의 뜻을 주장하는 수단이 아니라, 하나님의 뜻을 알아 가고 순종하기 위한 은혜의 훈련이다. 학생을 변화시켜 달라고 기도하면서도, 그 학생을 통해 교사 자신이 훈련되고 있음을 자각하는 자리이기도 하다. 하나님의 뜻에 합당하게 기도할 때, 교사는 사역의 방향과 중심을 하나님께 맞추게 된다. 그리고 그 뜻에 기꺼이 순종하는 마음이 길러진다.

셋째, 기도는 그리스도의 이름으로 드리는 믿음의 고백이다. 주일학교 교사는 자신의 공로가 아닌 예수 그리스도의 이름으로 기도하는 사람이다. 학생들의 구원도, 말씀의 능력도, 교사의 자질도 결국 그리스도의 중보 없이는 불가능하다. 기도할 때마다 교사는 자신의 무가치함을 인정하고, 그리스도의 의와 능력만을 의지하는 겸손한 믿음의 고백을 드리게 된다. 이로써 교사의 심령은 점점 복음의 중심에 자리잡는다.

넷째, 기도는 죄를 고백하며 은혜를 구하는 회개의 통로다. 교사도 실수하고, 넘어지며, 교만에 빠질 수 있다. 학생을 제대로 이해하지 못하고, 분노하거나 낙심할 때가 있다. 기도는 교사가 그 모든 것을 주님 앞에 내려놓고 용서를 구하는 회개의 자리다. 기도할 때 교사는 깨끗한 심령으로 다시 사역의 자리에 서게 되며, 그 마음으로 학생들을 품을 수 있는 깊은 긍휼과 인내를 얻게 된다.

다섯째, 기도는 하나님의 자비하심에 감사드리는 찬송의 자리다. 기도는 간구와 회개로만 끝나지 않는다. 그 중심에는 언제나 하나님의 자비하심에 대한 감사가 있다. 말씀이 전해지는 은혜, 학생들이 자라나는 기쁨, 작은 열매조차도 하나님이 주신 선물임을 인정하는 순간, 기도는 찬송으로 바뀌고, 교사의 마음은 더욱 겸손과 기쁨으로 채워진다.

그래서 교사의 기도는 사역의 심장이라고 할 수 있다.

기도는 교사의 업무 중 하나가 아니라, 그 사역을 살아 숨 쉬게 하는 심장이다. 기도하지 않는 교사는 자신의 힘으로 무언가를 해보려는 사람이지만, 기도하는 교사는 하나님과 동행하는 사람, 곧 은혜의 사람이다. 기도는 학생들의 영혼을 품는 손이며, 말씀을 뿌리는 눈물이고, 교사 자신의 심령을 다시 하나님께로 이끄는 나침반이다. 기도는 주일학교 교사의 특권이자 책임이며, 하나님이 주신 가장 확실한 사역의 능력이다. 기도로 시작하고, 기도로 사역하며, 기도로 마무리하는 교사는 그 모든 헌신 속에서 하나님의 손길과 응답을 가장 가까이에서 경험하는 사람이 된다.

| 섬김: 교사는 봉사사나 |

주일학교 교사는 주일학교와 주일학교 학생을 섬기기 위해 자원한 봉사자다. 교사가 섬긴다는 것은 무엇을 의미할까? 학생들의 옷을 입혀 주고, 신발을 정리하고, 연필을 챙겨 주고, 가방을 정리해 주는 것일까? 무엇보다도 교사의 주된 섬김은 가르침이다. 교사에게 주어지는 가르침의 시간, 20-30분은 주일학교 학생들에게는 정말 중요하다. 가르침의 섬김이 어떻게 진행되어야 할까?

주일학교 교사의 가르침, 준비와 지혜의 섬김을 살펴보자. 첫째, 주일학교 교사의 중심 사역은 '가르침'이다. 단순한 정보 전달이 아닌, 말씀을 통해 한 영혼을 하나님께로 인도하는 일이다. 이 사명은 무거우면서도 영광스럽다. 주일학교 교사는 말씀을 연구하고, 공과를 준비하며, 학생들의 마음과 삶을 살피는 섬김의 사람이어야 한다. 학생들은 교사의 말과 행동 속에서 하나님의 성품을 배우고, 복음을 체험한다.

둘째, 주일학교 교사는 '말씀을 연구'한다. 교사의 가르침은 성경에 뿌리를 두고 있다. 주일학교에서 가르치는 내용은 단지 '좋은 말'이나 '도덕 교육'이 아니라, 하나님의 살아 있는 말씀이다. 그러므로 교사는 자신이 먼저 말씀을 깊이 묵상하고, 그 진리를 삶으로 살아 내려는 태도를 가져야 한다. 예를 들어, '예수님은 선한 목자'라는 주제를 가르칠 때 단순히 '예수님은 우리를 잘 돌보세요'라고 말하는 데 그치지 말고, 시편 23편과 요한복음 10장을 읽고 목자가 양을 어떻게 보호하고 인도하는지 실제 사례를 찾아 설명할 수 있어야 한다. 교사가 먼저 감동을 받고 가르칠 때 아이들에게는 단지 지식이 아니라 감동으로 다가올 것이다.

셋째, 주일학교 교사는 '공과를 준비'한다. 대부분의 교단에는 연령별 공과 교재가 제공된다. 이 공과는 교리, 성경 이야기, 삶의 적용을 종합적으로 다루며 교사의 준비를 돕는다. 하지만 공과는 단순히 읽어 주는 자료가 아니다. 교사는 공과의 주제를 잘 파악하고, 이를 아이들의 눈높이에 맞게 풀어내야 한다.

공과 준비의 팁을 제시해 보면, 월요일이나 화요일에 공과를 미리 읽고 전체 흐름을 파악한다. 핵심 성경 구절을 따로 정리하여 기도하며 묵상한다. 수요일이나 목요일에는 아이들의 반응을 상상하며 예화와 질문을 준비한다. 토요일에는 시청각 자료나 활동 자료를 준비하여 수업의 흐름을 시각화한다. 공과에 나와 있지 않은 '나만의 설명'이나 '아이들 맞춤 예시'를 하나 이상 준비한다. 예를 들어, '예수님의 용서'라는 주제를 다룰 때, 공과 내용 외에 아이들과 함께 손바닥에 '죄'라고 쓰고 물로 씻어 내는 활동을 통해 '예수님은 우리의 죄를 깨끗이 씻어 주세요'라는 메시지를 시각적으로 각인시킬 수 있다.

효과적인 30분 수업을 위한 전략을 살펴보자. 주일학교 수업 시간은 짧다. 대부분 20~30분 내외이므로, 효율적으로 구성해야 한다. 다음은 실제로 활용할 수 있는 수업 구성 예다.

♣ **도입 (5분)** | 간단한 퀴즈나 질문으로 시작하여 주제를 소개한다. "여러분은 친구가 나를 미워할 때 어떻게 하나요?"라고 묻고 자연스럽게 용서의 주제로 연결한다. 관련된 짧은 이야기나 동영상을 보여 준다.

♣ **본문 가르침 (10~15분)** | 핵심 성경 구절을 함께 읽고, 아이들이 따라 말하게 한다. 공과 내용을 이야기처럼 풀어 주고, 중간중간 질문을 던진다. "베드로는 왜 무서워했을까?", "예수님은 왜 용서하셨을까?" 시청각 자료(예: 그림, 인형, 카드)를 사용해 내용을 생생하게 전달한다.

♣ **적용 활동 (5~10분)** | 그림 그리기, 색칠하기, 간단한 역할극, 찬양 등으로 말씀을 정리한다. 적용 질문을 통해 아이들이 말씀을 자신의 삶에 비춰 보도록 한다. "이번 주에 친구를 용서해 보기"라는 숙제를 내준다.

♣ 기도와 마무리 (2~3분) | 함께 짧은 기도문을 읽거나, 교사가 기도하며 말씀을 마음에 새기게 한다.

공과 개별 지도법이 있다. 아이들마다 이해력과 집중력이 다르므로, 말이 느린 아이에게는 질문을 간단히 바꾸어 준다. 너무 앞서 나가는 아이에게는 개별 과제를 주어 더 깊이 생각하게 한다. 활동 시간에는 조용한 아이 옆에 앉아 함께하면서 교감의 기회를 만든다.

넷째, 주일학교 교사는 교실 환경을 잘 활용한다. 예를 들어 다음과 같은 활동을 해 보는 것도 좋다.

♣ 말씀나무 만들기 | 배운 말씀을 송이 잎에 써서 교실 벽에 붙인다.

♣ 기도함 두기 | 아이들이 쓴 기도 제목을 익명으로 넣게 하고 함께 기도한다.

♣ 주제별 포스터 만들기 | 한 달에 한 번 아이들이 스스로 말씀 주제를 꾸민다.

주일학교 교사의 가르침은 씨앗 심기와 같다. 아이들은 오늘 당장 열매를 맺지는 않는다. 하지만, 교사의 기도와 준비, 정성과 사랑을 통해 말씀의 씨앗이 그들의 마음에 깊이 심긴다. 그러므로 교사는 매주 정해진 시간보다 몇 배의 수고를 들이며 성실하게 말씀을 준비하고 전달해야 한다. 그렇게 섬기는 교사를 통해 하나님은 다음 세대를 일으키시고, 교회를 견고히 세우신다. 주일학교 교사 한 사람의 헌신이 곧 교회의 미래를 밝히는 등불이 될 것이다.

| 사귐: 교사는 아이들의 동역자다 |

주일학교 교사는 단지 말씀을 가르치는 역할에 그치지 않는다. 참된 교사는 아이들의 삶 속으로 들어가 함께 웃고 울며 신앙의 여정을 동행하는 사람이다. 따라서 교사의 가장 중요한 사역 중 하나는 심방이다.

심방은 학생의 집을 방문하거나, 교회 외부에서 따뜻한 만남을 가지는 것을 포함한다. 이는 단순한 의례적 방문이 아니라, 학생과 깊은 유대감을 쌓고 신뢰를 형성하는 영적 돌봄의 실천이다. 심방을 통해 교사는 학생의 생활환경, 가족 관계, 신앙의 상태 등을 이해하게 되며, 더 깊이 있고 구체적인 가르침을 이어갈 수 있다.

심방할 때는 다음과 같은 점에 유의해야 한다.

첫째, 진심 어린 관심과 사랑을 가지고 학생을 대해야 한다. 억지로 교사 역할을 수행하는 것이 아니라, 한 영혼을 향한 주님의 마음을 품고 다가가야 한다.

둘째, 학생이 말을 잘할 수 있도록 유도하는 질문이 필요하다. 예를 들어 "요즘 학교 생활은 어때?", "기도 제목이 있니?", "요즘 가장 즐거운 일이 뭐였어?"와 같은 질문은 학생의 마음을 열어 주는 좋은 시작이 된다.

셋째, 정죄하거나 교훈하려는 태도는 피하고, 먼저 들어주고 공감해 주어야 한다. 공감은 상담의 시작이자 끝이다. 교사가 먼저 학생의 이야기를 깊이 들어 줄 때, 학생은 마음을 열고 삶을 나누게 된다.

넷째, 기도로 마무리하는 것을 잊지 말아야 한다. 짧더라도 진심 어린 기도는 학생에게 깊은 인상을 남기고, 그가 하나님 앞에 있다는 사실을 되새기게 한다.

이러한 심방은 단지 사역의 일부가 아니라 교사의 정체성을 드러내는 핵심적인 행동이다. 공과를 준비하는 만큼, 혹은 그보다 더 많이 학생들의 삶에 관심을 가지고 하나님

나라를 함께 세워 가는 동역자가 되어야 한다.

심방의 자리에서 학생은 자연스럽게 마음을 연다. 이때 교사는 상담자가 되어 경청과 공감으로 아이를 이해하고 돕는 역할을 감당한다. 전문 상담 기술이 아닌, 사랑과 기도로 채워진 귀와 마음이 중요하다.

상담은 문제 해결이 목적이 아니라, 학생의 마음을 있는 그대로 들어 주고 하나님 앞으로 인도하는 것이다. 교사는 학생의 감정을 평가하거나 훈계하려 하지 말고, 눈높이에 맞춰 그의 이야기를 진심으로 들어 주어야 한다.

대화를 여는 열쇠는 무엇일까? 학생들과 대화할 때 질문할 것들을 생각해 보자. 다음은 심방이나 주일 후 반별 시간, 개인 대화에서 활용할 수 있는 질문 예시다. 단답형이 아닌 열린 질문을 사용하면 학생이 스스로 표현할 수 있도록 돕는다.

♣ 생활 관련 질문

요즘 학교 생활은 좀 어때?

최근에 기뻤던 일이나 속상했던 일이 있었니?

친구들이랑 잘 지내고 있어? 혹시 힘들게 하는 친구는 없니?

♣ 신앙 관련 질문

지난주에 배운 말씀 기억나니? 어떤 내용이 마음에 남았어?

기도할 때 하나님께 어떤 말을 하고 싶니?

하나님이 너랑 함께하신다고 느낀 적이 있니?

♣ 가족 관련 질문

부모님과 같이 예배드릴 때 기분이 어때?

집에서 기도하거나 찬양하는 시간이 있니?

가족 중에 기도 제목이 있는 사람 있어?

♣ 적용과 결단을 이끄는 질문

이번 주에 하나님께 순종할 수 있는 일 한 가지 생각해 볼까?

선생님이 너를 위해 기도해 줄 수 있다면 어떤 걸 부탁하고 싶니?

동행하는 교사, 삶을 품는 목양자가 필요하다. 주일학교 교사는 '말씀을 가르치는 사람'일 뿐 아니라, 학생의 전인적인 삶에 깊이 동참하는 사람이다. 심방을 통해 학생의 삶 속으로 들어가고, 상담을 통해 학생의 마음속 이야기를 들으며, 그 전 과정을 통해 하나님께로 인도하는 다리가 된다. 심방은 부담이 아닌 기회다. 상담은 전문가만 할 수 있는 것이 아니다. 사랑하면 누구나 할 수 있는 일이다. 그렇게 주일학교 교사는 교실 너머의 공간에서 하나님의 나라를 세워 가는 소중한 일꾼이 된다.

토론을 위한 질문

[1] '당신은 교사입니까?'라는 질문을 받으면 어떤 느낌이 드나요? 교사는 부담스러울 수 있지만 부름받은 자리입니다. '당신은 교사입니까?'라는 질문 앞에서 어떤 감정과 책임감을 느끼는지 나누어 봅시다.

[2] 마태복음 28장 19-20절 말씀은 대위임령 이전에 제자됨을 가르칩니다. 교사로서 제자됨을 가장 잘 드러낼 수 있는 태도는 무엇일까요? 현재 교사 사역에서 제자도의 본을 어떻게 보여 주고 있나요?

[3] 교사는 먼저 배우는 자입니다. 최근 하나님 앞에서 배웠던 가장 큰 깨달음은 무엇인가요? 말씀, 기도, 설교, 삶의 경험을 통해 배운 구체적인 내용을 나누어 보세요.

[4] 교사는 완전하게 준비된 사람이 아니라 부족함을 아는 자입니다. 교사로서 자신의 부족함을 느낄 때, 어떻게 반응하고 극복하나요? 부끄러움, 좌절, 겸손, 의지 등 자신의 내적 반응과 성장의 기회를 이야기해 보세요.

[5] 교사의 성장은 예배, 말씀, 체험, 기도로 이루어집니다. 이 네 가지 중 현재 가장 약하다고 느끼는 부분은 무엇이며, 그 이유는 무엇인가요?

자신의 영적 습관과 우선순위를 점검하며, 회복하기 위한 구체적 방법을 함께 나누어 보세요.

[6] 예배 없는 교사는 사명의 영적 토대가 흔들립니다. 지금 내 예배 생활은 교사 사역에 어떤 영향을 주고 있나요? 주일 예배, 개인 예배, 교회 공예배 참석 등에 대한 나의 태도와 실천을 나누어 보세요.

[7] 성례(세례와 성찬)는 '보이는 말씀'이며, 은혜의 통로입니다. 성찬을 대할 때 어떤 마음으로 임하고 있나요? 단순한 의례인지, 은혜의 체험인지, 자신의 현재 태도를 점검하고 앞으로의 목표를 나누어 보세요.

[8] 기도는 교사의 심장입니다. 교사로서 학생들을 위해 구체적으로 어떤 기도를 하고 있나요? 개인 기도 제목뿐 아니라, 학생들 이름을 불러 기도하는 경험, 혹은 학생들을 위한 중보의 구체적 내용을 나누어 보세요.

[9] 교사의 섬김의 핵심은 가르침입니다. 매주 공과 준비를 위해 어떤 구체적 계획과 노력을 하고 있나요? 공과 준비 요령, 예화와 질문 준비, 시청각 자료 활용, 개인적 적용 등을 나누어 서로 배움의 기회로 삼아 보세요.

[10] 사귀는 교사로서 심방과 상담이 중요합니다. 학생들의 삶 속으로 들어가기 위해 어떤 노력을 하고 있나요? 심방, 개인 대화, 반별 나눔, 기도 편지, 부모와의 소통 등 현재 실천하는 구체적 사례와 앞으로의 다짐을 나누어 보세요.

에필로그

하나님 나라에 기억될 '교사'라는 이름

"당신은 누구인가?"

이 물음은 단순한 호기심의 표현이 아니다. 존재의 뿌리를 묻는 정체성의 질문이다.

"나는 주님의 교사입니다."

이 고백의 선포는 단순한 직분의 진술이 아니다. 하나님 앞에서의 사명자적 자기 인식이다. 나는 아이들을 가르치는 사람일 뿐 아니라, 하나님 나라의 다음 세대를 위해 부르심 받은 사람이다.

하나님은 교사를 부르실 때 먼저 그의 존재를 세우신다. 모세를 부르셨을 때 하나님은 그가 누구인지 먼저 정리하게 하셨다.

"나는 입이 뻣뻣하고 혀가 둔한 자입니다"라고 말하는 모세에게 하나님은 "나는 스스로 있는 자니라"는 당신의 존재로 응답하신다. 즉, 교사의 정체성은 자신의 능력이나 경험이 아니라, 부르신 이의 존재에 뿌리내릴 때 확고해진다.

주일학교 교사는 단순히 커리큘럼을 소화하고 시간을 채우는 사람이 아니다. 말씀을 씨앗처럼 뿌리고 기도로 자라게 하며 사랑으로 돌보는 농부다. 하나님의 말씀은 한 사람의 인생을 송두리째 바꾼다. 하나님은 그 씨앗을 아이들의 마음에 심는 일을 교사에게 맡기셨다. 이는 그 어떤 직업이나 봉사보다 고귀하고, 그 어떤 사역보다 미래지향적이다.

그러므로 교사는 한 아이를 볼 때 단순히 현재의 아이를 보는 것이 아니라 미래의 신자, 교회, 하나님 나라의 일꾼으로 보아야 한다. 다윗이 소년 시절 들판에서 양을 칠 때, 그를 보는 사람은 많았지만 장차 이스라엘의 왕이 될 자로 본 이는 하나님 한 분뿐이셨다. 주일학교 교사는 하나님의 그 눈을 본받아 아이들 속에서 하나님 나라의 미래를 보는 사람이다.

그리고 교사는 자기 사역을 혼자 감당하지 않는다. 언제나 성령님이 앞서 일하신다. 우리가 진리를 가르칠 때 그 진리를 깨닫게 하시는 분은 성령님이시다. 우리가 기도할 때 그 기도에 응답하는 분도 성령님이시다. 우리가 아이들의 상처와 아픔을 안고 중보할 때, 성령님은 말할 수 없는 탄식으로 함께 중보하신다. 교사는 결코 혼자가 아니다. 주님이 언제나 함께 계신다.

더 나아가, 교사는 본이 되는 사람이다. 아이들은 교사의 말보다, 교사의 삶을 더 오래 기억한다. 정직한 모습, 눈빛 하나, 예배하는 태도, 회개의 기도, 용서의 말, 이 모든 것이 교사의 메시지다. 교사의 일거수일투족이 곧 복음의 한 조각이 된다. 그래서 교사는 가르치기 전에 먼저 살아야 한다. 복음을 가르치되, 복음을 살아 내는 사람, 그것이 교사다.

교사여, 흔들리지 말라. 사역에 열매가 즉시 보이지 않아도, 하나님은 보고 계신다. 씨앗이 땅속에서 자라날 때는 눈에 보이지 않는다. 그러나 그 뿌리는 점점 깊어지고, 언젠가 열매로 드러날 것이다. 말씀의 씨앗은 결코 헛되지 않다. 아이들이 성장한 어느 날, 당신의 이름은 기억나지 않더라도, 당신의 기도와 말씀과 사랑은 아이들의 영혼 깊숙한 곳에 살아 있을 것이다.

"나는 주님의 교사입니다."

이 말은 사라지지 않는 선언이다. 오늘도, 내일도, 이 땅의 수많은 교사가 조용히 이 고백을 한다. 그리고 주님은 그 고백을 들으신다.

"잘하였도다. 착하고 충성된 종아!"

그날, 주님의 음성이 당신을 기다린다. 그리고 당신의 교사 됨은 영원히 하나님의 나라에 기억될 것이다.